DIE WIEGENDRUCKE
DER EHEMALS REICHSSTÄDTISCHEN BIBLIOTHEK
LINDAU

kumpt zů iericho: vñ die man der stat streitent wi:
d' eúch · amorreus vñ phereseus vñ chananeus ethe
us vñ gergeseus vñ eueus vnd iebuseus: vnd ich
antwurt sy in eúwer hende · vnd ich sant vor eúch
hornússen vñ warf sy aus von iren stetten · ich ant
wurt eúch zwē kúnig d' amorreer zebesitzē ir land
mit im dē waffen vñ in dē bogē. Vñ ich gab eúch
dz land in dē ir eúch nit habt gearbeyt · vñ die stet
die ir nit habt gebaut · die weingarten vnd die öl:
gartē die ir nit habt gepflantzt · das ir entwelt in
in. Dorumb nu vörcht dē herren vñ dient i mit eim
volkomē hertzen vñ mit eim gewerē: vñ nempt ab
die göt eúer vetter dientē i mesopotamia vñ i egipt
vñ dient dem herrn. Ob es aber eúch wirt gesehen
böß dz ir dient dē herrn eúch wirt gegebē fúrwerf
fung. Erwelt eúch heút wz do gefelt · wann ir sölt
dienen dē allgewaltigē · od' dē gott dē do dientē eú:
wer vetter in mesopotamia · od' dē göttē d' amorreer
in d' land ir entwelt. Wañ ich vñ mein haus wir
dientē dē herrn. Vnd dz volck antwurt vñ sprach.
Ditz seye von vns das wir lassen den herren: vnd
dienē frembden götten. Der herr vnser gott er selb
fúrt vns vñ vnser vetter vō dē land egipt · vō dem
haus dz dienstes: vñ tet vns die grossen zeychē die
wir sahē: vñ behút vns in eim iegklichē weg durch
dē wir giengē · vñ vnder allē leútē durch die wir
vbergiengē: vñ warf aus alle die volck · amorreum
dē entweler dz lands zů dē wir eingiengē. Dorumb
wir dienen dem herrn: wañ er selb ist d' herr vnser
got. Vnd iosue sprach zů dē volck. Mögent ir nit
dienē dē herrn: wañ got d' ist heylig vñ ein starck:
er liebhaber · er mißkennt nit vnser misstat vnd der
sündē. Ob ir last dē herrn vn dient dē frembdē göt:
ten: dornach so er eúch hat gegebē die güttē ding
er vmbkert sich vnd quelt eúch vnd verwüst eúch.
Vnd daz volck sprach zů iosue in keinerweys wirt
es getan also dz du redest: wañ wir dienē dē herrn
Vnd iosue sprach zů dē volck ir seyt gezeúg: daz ir
eúch selb habt erwelt dē herrn dz ir im dient. Vnd
sy antwurte wir sein gezeúge. Dorumb er sprach
nempt ab die frembden göt von mitzt eúwer: vnd
neyget eúwer hertzē zů dē herrn got israhel. Vñ dz
volck sprach zů iosue. Wir dienē vnserm herrn got
vñ werdē gehorsampt seinē gebottē. Dorumb iosue
der schlůg das gelúbd an dem tag in sichem: vnd
fúrleget dem volck die gebott vnd die vrteyl. Vnd
er schreyb alle dise wort in dem bůch der ee gotz:
vñ er nam ein durch grossen stein · vñ satzt in vnd'
ein eychen die do was in der heylikeyt dez herrn: vñ
er sprach zů allē dē volck. Secht dirr stein d' wirt
zů eim gezeúg · dz ir habt gehort alle die wort des
herrn die er hat geredt zů eúch: daz ir villeicht dor
nach icht wölt leúgnen vñ liegē eúrem herrn got.
Vnd er ließ das volck sunderlich zů iren besitzung:
en. Vnd nach disen dingē starb iosue der sun nun
der knecht des herrn · do er was hundert vñ · xx · ie:
rig vñ sy begrůbē in in den endē seiner besitzung in
thamnathsare: die do ist gelegē an dē berg effraim
zů dem teyl mitternacht des berges gaas. Vnd die
sún israhel die dientē dem herren alle die tag iosue
vnd der alten die do lebten langes zeyt nach iosue:
vnd der die do erkanntē alle die werck dz herrn die
er tet vnd' israhel. Vnd sy begrůbē die bein iosephs
die die sún israhel hettē bracht von egipt in sichē in
dē teyl dez ackers den iacob het gekauft vō den súnē
emor des vatter sichem vmb · c · schaffunge: vnd er
was in der besitzunge d' sún iosephs. Vnd heleasar
der sun aarons der starb: vñ phinees seine sún die
begrůbē in in gabaath: die im ist gegeben an dem
berg effraim. Hie hat ein end das bůch Josue.
Vnd vachet an dz bůch Judicum Cap' primū.
Nach dē tod iosue die sún isra:
hel ratfragtē dē herren sagent
Wer steygt auf vor vns wi
d' chananeū vñ wúrd ei fúr:
er dz streytz · vñ d' herr sprach
Judaz d' steyg auf. Sich ich
hab geantwurt das land in
sein hand Vnd iudas sprach
zů symon seim brůd'. Steyg auf mit mir in mein
loß · vñ streyt wid' chananeum · dz auch ich gee mit
dir in dein loß. Vñ symō gieng mit i. Vnd iudas
steyg auf · vñ der herr der antwurt chananeum vñ
phereseum in ir hende: vnd sy schlůgen in besech · x ·
tausent der mann. Vnd sy funden adonibesech: in
besech vñ sy stritten wider in: vnd schlůgen chana:
neum vnd phereseum. Wañ adonibesech d' floch:
do sy in hetten begriffen die nachuolgenden sy hye:
wen im ab die obersten teyl der hend vnd der fůsse
Vnd adonibesech der sprach · lxx · kúnigen den hie:
we ich ab die obern teyl d' hend vnd d' fůß sy lasen
die beleibungen d' speyß vnder meim tisch: als ich
hab getan also hat mir widergeben der herr. Vnd
sy zůfůrtē in zů iherusalē: vñ do starb er. Dorumb
die sún iuda die anstrittē iherusalē vñ gewunnen
sy vnd schlůgē sy in dem mund des waffens: vnd
antwurten alle die stett in entzündung. Dornach
stigent sy ab vnd stritten wider chananeum der do
entwelet an den bergen: gegen mittag vnd in den
velden. Vnd iudas der gieng gegē chananeum der
do entwelt in ebron · der nam was von alter thari:
tharbe · vñ schlůg sysai vnd hayman vnd tholmai:
dornach gieng er aus vnd gieng zů den entwelern
dabir · der was ein alter nam cariachsepher · das ist
ein stat der bůchstaben. Vnd caleph d' sprach. Der
do schlecht carichsepher vnd sy verwůst: ich gib im
axam mein dochter zů eim weyb. Vnd do sy het ge
wunnen othoniel der sun cenes der iúngste brůder
caleph: er gab im axam sein tochter zů eim weyb.
Do sy giengen an dem weg ir man d' mante sy dz
sy hiesch den acker von irem vatter. Do sy saß auff
dē esel sy seúftzet caleph sprach zů ir. Was wiltu.
Sy antwurt. Gib mir dē segen · wañ du hast mir
gegebē daz dúrr land · gib mir auch die wasser dz
ichs feúcht. Dorumb caleph der gab ir die feúchte
obwendig vnd die feúcht nidwendig. Wann die
sún cinei die rieffen moyses die stigen auf von der
stat der palmen mit den súnen iuda in die wůst irs
loses die do ist zů mittemtag arach: vnd entweltē
mit im. Wañ iudaz gieng mit symon seinē brůder

Biblia deutsch. [Straßburg: Heinrich Eggestein, nicht nach 1470] (Nr. 32)

DIE WIEGENDRUCKE DER EHEMALS REICHSSTÄDTISCHEN BIBLIOTHEK LINDAU

auf der Grundlage des bestehenden
handschriftlichen Kataloges

bearbeitet von
Karl Heinz Burmeister und Werner Dobras

Jan Thorbecke Verlag Sigmaringen

Buchgestaltung: Ulrich Ulrichs, Sigmaringen
Entwurf des Schutzumschlags: Helmut und Regina Rohrer, München
Offsetlithos: Klischee + Fotolitho Rudolf Schmorl KG, Sigmaringen
Gesamtherstellung: M. Liehners Hofbuchdruckerei KG, Sigmaringen
Printed in Germany. ISBN 3-7995-4010-5

INHALT

VORWORT

Die Ehemals Reichsstädtische Bibliothek (Stadtbibliothek) Lindau steht seit Jahrhunderten im Mittelpunkt des Kulturlebens der Inselstadt. Der Wunsch, diese Tatsache dem Lindauer Bürger wieder stärker ins Bewußtsein zu rücken und gleichzeitig damit neue bildungsgeschichtliche Quellen zu erschließen, hat die Entstehung dieses Verzeichnisses der Wiegendrucke veranlaßt. Der unlängst erschienene Überlinger Inkunabelkatalog diente dabei als Vorbild, doch ist entsprechend dem historischen Interesse der Bearbeiter das Buchkundliche (z. B. die Einbandforschung) etwas zurückgetreten, während dafür andererseits die als Makulatur verwendeten Urkundenfragmente weitgehend Berücksichtigung gefunden haben.

Für die freundliche und großzügige Unterstützung, ohne die eine Drucklegung dieses Verzeichnisses nicht möglich gewesen wäre, sprechen die Bearbeiter der Stadt Lindau und dem Stadtrat, insbesondere auch dem Kulturreferenten Herrn Dr. Christof Spuler, ihren aufrichtig empfundenen Dank aus. Zugleich haben sie auch dem Jan Thorbecke Verlag in Sigmaringen, namentlich Herrn Georg Bensch, ohne dessen Entgegenkommen das Werk nicht zustande gekommen wäre, und Herrn Ulrich Ulrichs für die Gestaltung des Buches ihren Dank zu sagen.

Lindau, den 27. Oktober 1975

Karl Heinz Burmeister *Werner Dobras*

EINFÜHRUNG

Die Reichsstadt Lindau erlebte während der Regierungszeit von Kaiser Maximilian I. und Kaiser Karl V. den Höhepunkt ihrer politischen und kulturellen Ausstrahlung: der Reichstag zu Lindau im Jahre 1496, der Durchbruch der Reformation im Jahre 1522, die Reorganisation der Lateinschule im Jahre 1528, die Confessio Tetrapolitana des Jahres 1530 sind Marksteine dieses »goldenen Zeitalters« des »Schwäbischen Venedig«. Ein weiterer Markstein und zugleich ein Zeugnis für die Entfaltung des Humanismus in Lindau ist die Gründung der Stadtbibliothek im Jahre 1538 gewesen.

»Uff den neunten tag Augusti 1538 sind vor Rat erschynen doctor Hener, Herr thoman (Gassner), herr Hieremias Lyns, her Othmair schenck, h. Hans Reiner, H. lienhart bayr, h. Hans Endris hünlin, Jacob Feurstein, Endris Mirgel, Mathias bronbis, Simon stocker, Stoffel Kröl und der Klain der deutsch schulmaister, uff deren aller anrueffen und pitt ist errathen, daß auß dem allmußen seckel nun hinfuro alle franckfurter messen XII., thut jahrs XXIIII gulden und buecher hie in die lyberey zu thun gegeben werden soll, alles so lang es meinen hern ainem erbern rat allso gefällig sein wirdt.« Mit einer Festpredigt des Lindauer Reformators Thomas Gassner (ca. 1500–1548) wurde noch im gleichen Jahr die Stadtbibliothek eröffnet [1].

Diese Ehemals Reichsstädtische Bibliothek Lindau stellt heute mit ihren 23 000 Bänden eine der bedeutendsten bürgerlichen Bibliotheken des Bodenseegebietes dar, vergleichbar mit jenen von Überlingen, Konstanz, Isny oder Feldkirch. Ursprünglich war die Sammlung im westlichen Teil des leerstehenden Klostergebäudes der Franziskaner, der später sogenannten Konsistorialstube, untergebracht. Hier blieb die Bibliothek runde zweihundert Jahre. Im Jahre 1749 trennte man das Schiff der Barfüßerkirche durch eine Mauer vom Chor und teilte den hohen gotischen Chor durch Einbau eines Gewölbes in einen oberen und einen unteren Raum. Im letzteren wurde der Bücherschatz untergebracht. Nur die medizinischen, alchimistischen und juristischen Bücher blieben an ihrem

[1] Burmeister, Thomas Gassner aus Bludenz, Reformator der Stadt Lindau, Montfort-Hefte 1971, S. 125 f. – Burmeister, Thomas Gassner, Neujahrsheft 21 des Museumsvereins Lindau, Lindau 1971. Vgl. auch L. Dorfmüller, Die Geschichte der Lindauischen Stadtbibliothek, in: Schriften des Vereins für Geschichte des Bodensees 44, 1951, S. 111–128.

früheren Ort und kamen erst 1816, als das Predigerhaus umgebaut wurde, in den oberen Kirchensaal. Als dieser dann 1868 in einen Konzertsaal umgewandelt wurde, mußten diese Pfleglinge in einer alten Küche der früheren Pedellswohnung untergebracht werden. Pfarrer Reinwald, der damalige Archivar und Bibliothekar, verstaute sie aber bald im Hauptraum, hoch oben auf den Regalen. Als später ein Schulzimmer frei wurde, verbrachte man sie dorthin. Noch später fanden die juristischen Bücher zusammen mit den inzwischen erworbenen neuen geschichtlichen Werken ihre Bleibe in zwei Räumen zu ebener Erde der Realschule, die unmittelbar durch einen Vorplatz mit der Bibliothek verbunden werden konnte. Die medizinischen Bücher aber fanden im Hauptraum ihren Platz. Seit 1952 ist die Bibliothek in der früheren, aus dem 15. Jahrhundert stammenden Markthalle des Alten Rathauses, das nun auch äußerlich gerade neuen Glanz erhält, auf der Insel untergebracht [2]. Die Pfarrer von Lindau, Roggenzell, Laimnau, Weissensberg und Sigmarszell kamen bereits wenige Tage nach der Gründung überein, als Grundstock für die Sammlung die Werke des hl. Augustinus von der Frankfurter Messe anschaffen zu lassen. Heute umfaßt die Bibliothek Bücher aus allen Wissensgebieten; die Neuanschaffungen sind allerdings weitgehend auf Sachbücher, Bodenseeliteratur und Bavarica beschränkt.

Unter den Schätzen der Bibliothek, deren älteste Handschriften in das 14. Jahrhundert zurückreichen, befindet sich eine Reihe von Kostbarkeiten [3]. Eines der ältesten Bücher ist eine theologische Handschrift aus dem Jahre 1416, die zwei Traktate des Marquard von Lindau [4] enthält, eines Barfüßermönchs, von dem man nicht weiß, ob er gebürtiger Lindauer oder aber nur als Mönch in Lindau lebte. Zwischen 1320 und 1330 wurde er geboren. Auf Lindau als Geburtsort deuten jedenfalls zwei Handschriften des Eucharistietraktates, in denen als Sakramentsstätten Lindau und Straßburg besonders hervorgehoben werden. Bis zum Jahre 1373 hören wir dann nichts mehr von ihm. Dann aber taucht er plötzlich als Lektor in Straßburg auf. Aus einer Urkunde von 1377 erfahren wir auch, daß Marquard inzwischen Kustos der Bodenseekustodie der Franziskaner geworden war, die unter anderem die Konvente in Lindau, Konstanz, Überlingen und Schaffhausen umfaßte. Am 19. November 1389 wurde er Provinzial für Oberdeutschland. Eine Bulle des Papstes Bonifatius IX. aus dem Jahre 1391 erteilte Marquard die Erlaubnis, ein neues Ordenshaus zu

[2] Dobras, Kostbarkeiten der Ehemals Reichsstädtischen Bibliothek Lindau. In: Schriften des Vereins für Geschichte des Bodensees und seiner Umgebung, Heft 91/1973 und in: Beiträge zur Geschichte des Bodenseeraumes. (Erweiterter Sonderdruck des Heftes 91/1973).

[3] Die Ehemals Reichsstädtische Bibliothek befindet sich heute zusammen mit dem Stadtarchiv im Alten Rathaus. Während die ältesten Stücke der Bibliothek aus dem 14. Jahrhundert stammen, beginnen die Archivalien bereits im 12. Jahrhundert.

[4] Hofmann, Der Eucharistie-Traktat Marquards von Lindau (Hermea, Germanistische Forschungen, Bd. 7), Tübingen, 1960.

gründen. Wahrscheinlich handelte es sich um das spätere Klarissinnenkloster Valduna in Vorarlberg. Fertiggestellt wurde das Kloster aber erst im Jahre 1403. Elf Jahre vorher, wahrscheinlich am 15. August 1392, ist Marquard in Konstanz gestorben. Den Lindauer Text hat 1416 ein Ulmer Dombauherr abgeschrieben. Claus Stockar, neben seinem Amt als Dombauherr noch Goldschmied und Münzmeister der Stadt Ulm, war ein religiös interessierter Laie, der zu den angesehenen Bürgern der Stadt gehörte und aus persönlicher Neigung dieses Erbauungsbuch abschrieb. Spätestens im 16. Jahrhundert muß sich der Kodex dann in Lindau befunden haben, wobei die Frage offen bleibt, wie er an den Bodensee gekommen ist.

Ein Prachtwerk aus dem 16. Jahrhundert ist die Antwerpener Bibelpolyglotte, die der aus Lindau gebürtige Arzt Achilles Pirmin Gasser (1505–1577) der Stadt im Jahre 1572 geschenkt hat. Gasser war einer der bedeutendsten Lindauer Büchersammler überhaupt; er selbst hatte im Laufe seines Lebens eine Bibliothek von annähernd 3000 Bänden zusammengebracht, von der heute noch einige hundert Bände nachweisbar sind[5].

Die Bibelsammlung ist aber überhaupt eine der bedeutendsten Teilsammlungen der Lindauer Bibliothek: so finden wir hebräische, griechische und lateinische Bibeln neben solchen in rätoromanischer, englischer, holländischer, wendischer, böhmischer, grönländischer, französischer, litauischer, syrischer, schwedischer, italienischer und spanischer Sprache[6].

Eine spezielle Lindauer Kostbarkeit auf diesem Gebiet stellt die »Biblia ectypa« dar. Sie wurde 1712 von der Lindauerin Anna Margareta Wesslin angeblich auf dem Sterbebett gemalt, 800 Miniaturbilder sind so entstanden, von denen je vier auf einer Seite stehen. Eine »Historische Bilderbibel« wurde 1705 gezeichnet und gestochen von Johann Ulrich Kraus und bei Cotta in Tübingen 1730 gedruckt. Aus dem gleichen Jahrhundert stammen die »Biblischen Figurensprüche«, wobei die vielen Bilder mit frommen Sprüchen versehen sind. Aber auch im 19. Jahrhundert wurden fleißig Bilderbibeln gedruckt, so die Volksbilderbibel aus dem Jahre 1844 und die Lutherbibel mit 230 Bildern von Gustav Doré.

Bedeutend ist ferner die Sammlung von Reformationsdrucken, nicht weniger umfangreich ist die juristische Abteilung. Die Handschrift P I 49, das Decretum Gratiani mit der Glossa ordinaria, wurde um 1300 niedergeschrieben. Auf den ersten sieben Blättern, die wohl erst später hinzugefügt wurden, enthält sie ein kurzes Werk der Gattung »Casus Decretorum«.

[5] Burmeister, Achilles Pirmin Gasser, 1505–1577, Arzt und Naturforscher, Historiker und Humanist, Wiesbaden, 1970.

[6] Dorfmüller, Verzeichnis der gedruckten Bibelwerke der Lindauischen Stadtbibliothek (Neujahrsblatt 2 des Museumsvereins Lindau), Lindau, 1912 – Tannhausen, Die gedruckten Bibelwerke der Stadtbibliothek Lindau im Bodensee (Zulassungsarbeit, Manuskript, 1971) – Dobras, Lindau hütet das Wort Gottes, Bodensee-Hefte 1969, Heft 12, S. 24–25 – Dobras, Die Lindauer Bibelsammlung. Allgäuer Geschichtsfreund 1975, S. 100–108.

Wir übergehen die historischen Werke und die antiken Klassiker, um abschließend noch kurz der Medizin und Naturwissenschaft zu gedenken. Hier ist besonders die 1559 geschriebene, reich illuminierte Chirurgia des Lindauer Wundarztes Kaspar Stromayr zu nennen. Auch Paracelsus ist reichlich vertreten. Besonders aber ist Kopernikus mit der Erstausgabe seines 1543 in Nürnberg erschienenen Werkes »De revolutionibus« gleich zweimal vertreten, eines davon mit sehr interessanten Einträgen: »Nicolaus Cibo sibi emit Antverpiae IV eidus octob(ris) MDLXV trib(us) solidis flandricis eumq(ue) Basiliae dono dedit mag(ist)ro Joanni Nicolao stupano, rheto, decimo calen(dis) Septemb(ris) anno MDLXVII Idem Joha(nnes) Nicol(aus) Stupanus Rhety D. medic(us) d(e)d(it) suo magistro Jo(hannes) Manto Co(n)terreneo Calendis Junii 1521(?).« Nicolaus Cibo ist wohl einer der zahlreichen Nachkommen (vielleicht ein Enkel) des Papstes Innozenz VIII., der mit bürgerlichem Namen Giambattista Cibo (1484–1492) hieß und der ob seiner erotischen Abenteuer bekannt geworden ist. Nicolaus Cibo aus Genua war 1566/67 in Basel immatrikuliert.
Eine echte Rarität stellt das Herbarium, die Pflanzensammlung des Hieronymus Harder[7] dar, die er im Jahre seines Todes, 1607, noch als über 80jähriger zusammengestellt hat. Harder wurde 1523 zu Meersburg (?) geboren, war hauptberuflich Schulmeister, vor allem in Ulm, wo er auch starb. Zehn seiner Herbarien sind uns bis heute bekannt geworden, wovon eines auch in Überlingen aufbewahrt wird, das sogar zum Vorbild für das älteste Apotheker-Herbar wurde, das Hans Jakob Han anlegte. Ein weiteres Herbar aus dem 18. Jahrhundert gibt uns leider keinen Hinweis auf den Verfasser, es ist aber auch lange nicht so geschmackvoll und interessant wie das von Harder.
Es bedarf keiner besonderen Erwähnung, daß die durch alle Wissensgebiete gehende Inkunabelsammlung – unter Inkunabeln bzw. Wiegendrucken verstehen wir hier die Druckwerke bis zum Jahre 1500 einschließlich – in bibliophiler wie auch in materieller Hinsicht einen echten Schwerpunkt der Lindauer Bibliothek bildet. Aus diesem Grunde erscheint es uns auch als besonders wünschenswert, diesen Teil der Bibliothek, der in mancher Hinsicht repräsentativ ist, in einer eigenen Publikation einem weiteren Leser- und Benützerkreis vorzustellen. Eine solche Publikation, wie sie durch das Vorbild des Überlinger Inkunabelkataloges angeregt wurde, erscheint uns als ein echter Beitrag zur Öffentlichkeitsarbeit der Archive und Bibliotheken: durch sie kann der Sinn für den Wert und die Bedeutung, zugleich aber auch für die Schönheit dieser frühen Drucke geweckt und vertieft werden. Aus diesem Grund wurde auch besonderer Wert darauf gelegt, die trockenen Daten des Verzeichnisses durch eine Anzahl von Bildern aufzulockern. Neben dieser beabsichtigten Breitenwirkung ist es das besondere Anliegen dieser Publikation, die Erkenntnis zu vertiefen, daß im Bodenseegebiet nicht nur die

[7] Dobras, Hieronymus Harder – sein Leben, seine Herbarien, Pharmazeutische Zeitung, 1970.

weltbekannten Klöster Büchersammlungen beherbergt haben, sondern daß sich auch das Bürgertum unter dem Eindruck des Humanismus zu bemerkenswerten Leistungen auf dem Gebiete des Bibliothekswesens aufgeschwungen hat. Das Verzeichnis der Lindauer Wiegendrucke will daher, ähnlich wie diejenigen von Leuze über Isny und Stolz über Überlingen, auch eine Studie zum Thema des Humanismus im Bodenseeraum sein.

Unser Verzeichnis hat sich deswegen mit besonderer Vorliebe der Eigentumsvermerke angenommen. Nicht weniger als 44 solcher ehemaliger Inkunabeleigentümer konnten erfaßt und größtenteils auch identifiziert werden; zu der weiteren Identifizierung wird hoffentlich diese Publikation beitragen. Es hat sich dabei gezeigt, daß auch ein lokales Verzeichnis der Wiegendrucke in der Größenordnung der Lindauer Stadtbibliothek eine zumindest regionale Bedeutung haben kann: so wurden Eigentümer rund um den See in Feldkirch, Konstanz, Ravensburg, Biberach, Ottobeuren usw., aber auch weit über die Region hinaus in Augsburg, Basel, Freiburg i. Br. und im Elsaß festgestellt. Daß darunter selbst ein Jakob Wimpfeling auftauchen konnte, bestätigt die Bedeutung einer solchen Arbeit für die Humanismusforschung. Es kommt hinzu, daß die Eigentumsvermerke in den Inkunabeln ja nur ein Ausschnitt dessen sind, was die viel zahlreicheren Frühdrucke in dieser Hinsicht aufzeigen könnten. Warum sollte nicht in den Frühdrucken der Lindauer Stadtbibliothek ein weiterer Eigentums- oder Schenkungsvermerk von Jakob Wimpfeling vorhanden sein?

Die Eigentumsvermerke wurden in der Regel im vollen Wortlaut in das Verzeichnis aufgenommen. Abkürzungen wurden dabei in der Regel ohne besondere Kennzeichnung aufgelöst; nur dort, wo eine solche Auflösung zweifelhaft sein kann, wurde zu den eckigen Klammern Zuflucht genommen.

Es mag nicht alle Tage vorkommen, daß sich Archivare an ein Verzeichnis der Wiegendrucke heranwagen. Im vorliegenden Fall wurde dies dadurch erleichtert, daß ein fachgerecht erarbeitetes handschriftliches Wiegendruckverzeichnis bereits vorlag. So konnten sich die Bearbeiter mit besonderer Vorliebe auf das stürzen, was ihnen vom Standpunkt des Historikers und Archivars in den herkömmlichen Wiegendruckverzeichnissen zu wenig Beachtung gefunden zu haben schien: nämlich eine Einbeziehung der als Makulatur im Einband verwendeten Urkunden. Abgesehen davon, daß es naheliegt, zumindest ganz grob aus der Herkunft dieser Urkunden auf den Ort zu schließen, wo diese Bücher auch gebunden worden sind, erscheint uns das Namengut dieser Urkundenreste doch auch von einiger Bedeutung, zumal da sich die Urkunden teilweise auf den Tag genau datieren lassen. Mit den Namen sind teilweise Amtsstellungen, genealogische Daten, Hinweise auf Hauseigentum oder eine bestehende Leibeigenschaft verbunden. So sind diese Namen häufig mit historischem Gehalt erfüllt, und ihre Erschließung erscheint gerade deshalb besonders wünschenswert, weil sie gewöhnlich in kein Inventar oder kein Regest eines Archives hineingelangen, sondern auf immer in den Bibliothekseinbänden verborgen geblieben wären.

Wir sind uns der Problematik vollständig bewußt, generell eine solche Einbeziehung des Namensgutes der Makulatur in die Wiegendruckverzeichnisse zu fordern. Wir selbst haben uns dabei auf die Rechtsurkunden beschränkt und die lateinischen und deutschen Handschriften des Mittelalters nicht mehr mit einbezogen; dazu hätte es wieder eines Handschriftenspezialisten bedurft. Es ging uns im wesentlichen darum, im Anschluß an neuere Handschriftenkataloge auf die grundsätzliche Bedeutung dieser methodischen Erweiterung aufmerksam zu machen. Vielleicht ließe sich in einer Zusammenarbeit von Archivaren und Bibliothekaren einmal diese Frage umfassend diskutieren, wobei auch darüber noch zu reden wäre, was alles eigentlich aus den Urkundenresten festgehalten werden und welches Schemas man sich dabei bedienen sollte.
Gleichsam als Diskussionsbeitrag dazu würde eine kartographische Darstellung der Herkunft der Urkunden auf den ersten Blick zeigen, daß dieser Raum wohl etwas enger ist als derjenige der Eigentumsvermerke, im großen und ganzen aber mit diesem übereinstimmt. Überdies scheint die Herkunft der Urkunden weitgehend an Orte gebunden zu sein, die an der Handelsstraße zwischen Lindau und Kaufbeuren liegen, also im Allgäu, auf dem auch hinsichtlich der ehemaligen Eigentümer der Inkunabeln der Schwerpunkt liegt. Es besteht also ganz offensichtlich ein gegenseitiges, regionales Ergänzungsverhältnis zwischen den Eigentumsvermerken und dem Namengut der Urkundenreste der Makulatur. Schon deswegen wäre es bedenklich, beides grundsätzlich als etwas völlig Verschiedenes zu betrachten.
Wir hoffen, mit diesem Verzeichnis nicht nur einen Beitrag zur Bibliotheksgeschichte des Bodenseegebietes zu erbringen und der Ehemals Reichsstädtischen Bibliothek Lindau neue Freunde zuzuführen, sondern vor allem auch eine weitere Anregung zu ähnlichen Unternehmungen zu geben, daß nach Isny, Überlingen und Lindau auch andere Bibliotheken unserer Landschaft möglichst rasch nachfolgen werden. Zeigt bereits ein Vergleich der Bestände von Isny, Überlingen und Lindau manche Übereinstimmung, so wird es bei Vorliegen weiterer Verzeichnisse umso eher möglich sein, die Besonderheiten in den Bibliotheksbeständen des ausgehenden Mittelalters und der frühen Neuzeit in unserer Landschaft vergleichend festzustellen und in einen größeren geistesgeschichtlichen Zusammenhang einzuordnen.

ABKÜRZUNGEN

Art.	Artikel
Bd., Bde.	Band, Bände
Bl., Bll.	Blatt, Blätter
Cop.	W. A. Copinger, Supplement to Hain's Repertorium bibliographicum, 3 Bde, London 1895–1902
Einbl. Dr.	Einblattdrucke des XV. Jahrhunderts, Halle 1914
Goff	Frederick R. Goff, Incunabula in American Libraries, New York 1964
GW	Gesamtkatalog der Wiegendrucke, hrsg. von der Kommission für den Gesamtkatalog der Wiegendrucke, 8 Bde., Leipzig 1925–1940
Hain	Ludwig Hain, Repertorium bibliographicum, 4 Bde., Stuttgart/Paris 1826–1838
Hrsg.	Herausgeber, herausgegeben
Jh.	Jahrhundert
Leuze	Otto Leuze, Die Wiegendrucke der Bibliothek der Evangelischen Nikolauskirche in Isny, in: Württembergische Vierteljahrshefte für Landesgeschichte, Neue Folge 25, Stuttgart 1916, S. 236–292
Proctor	Robert Proctor, An Index to the early printed books in the British Museum, London 1893–1903
Stolz	Dieter Helmut Stolz, Überlinger Inkunabel Katalog, Konstanz 1970
ungez.	ungezählt
vgl.	vergleiche
Wolfart	Geschichte der Stadt Lindau, hrsg. v. Karl Wolfart, 3 Bde., Lindau 1909

Questio
Doctoris irrefragabilis anglici Alexandri de ales
regule sancti Francisci pfessoris: parisius sepulti: pri-
ma ps summe theoloice feliciter incipit. Alpha et o xpi
noie invocato.
Quoniaz sicut dicit Boeti⁹
i libro de trinitate. optime
dictum videt. Eruditi est hominis unumquodqz ut ipsum
est ita de eo fidez capere teptare unde in naturalib⁹ ra
tionabilit: in mathematicis disciplinabilit: in diuinis
intellectualit versari oportebit. theologice facultatis
inquisitoib⁹ intendetes: cum adiutorio gratie ihu xpi
tale principiu capimus. Ingretesqz ex pmis de doctri-
na theologie. utz sit sciētia. utz distinguat ab aliis sci
entiis. De quo sit ista scientia. De modo traditonis h⁹
scientie.

Initiale mit dem Bücherzeichen des Jakob Louber von Lindau (Nr. 3)

Verzeichnis der Wiegendrucke

Tractatus Quintus

A { Debet ſcare omne accidens abſolute ↄſi/deratũ: vt albedo/ ni/gredo: ⁊ ſic de aliis.

B { Debet ſcare ſubſtã/tiã ſimplicem: vt de⁹/ angeluſ/ ania/materia pma/forma lapidis ⁊c.

C { Debet ſcare corp⁹ non viuũ: vt aer/ignis/ lapis/ ferrum/ aurum: ⁊ ſic de aliis.

D { Debet ſcare plan/tã: vt arbor ſƀ q̃ pom⁹ pirus. Herba: ſub qua vrtica/ruta: ⁊cĩis.

E { Debet ſcare brutũ ſub quo ſũt aſin⁹/equ⁹/ vacca/leo: ⁊ ſic de aliis.

¶ Et corpus animatũ q̃uis ſit complexũ in voce: poniẽ loco incõ/plexi tamẽ ꝓpter penuriã vocabulorũ: quia ei apud mẽtẽ correſpondet conce/ptus ſimplex. Et debet hic capi corpus abſolute pro re cõpoſita ex materia et forma. Cuius acceptiões alibi videanẽ: puta circa diffinitionẽ anime in paruulo phie naturalis. Iſta hic ſufficiant.

Alexander Sermoneta, Commentariolus super consequentiis Strodi.
Venedig: Leonhard Wild, 6. Januar 1481 (Nr. 4)

A

1 ABU Marwan Ibn Zuhr Ma I 42^{1}
Liber Theisir (nach dem arabischen Titel *at-Taîsir*). *Angefügt ist:* Abu al-Walid Muhammad Ibn Ruschd, Liber Colliget (nach dem arabischen Titel *al-Kullîjât*).
Venedig: Johannes und Gregorius de Gregoriis, 4. Januar 1490. 2°.
GW 3103. Hain 2186. Proct. 4513. Leuze 108.

ABUMERON (ABUMARUAN) s. ABU Marwan Ibn Zuhr.

2 ALBERTUS MAGNUS Ma I 42^{2}
De mineralibus
Pavia: Christopherus de Canibus, 18. Juni 1491. 2°.
GW 687. Hain 521.
Spärliche Randbemerkungen. Angebunden an Nr. 1.

ALBUMERON s. ABU Marwan Ibn Zuhr

3 ALEXANDER von Hales K I 11
Summa theologica. Bd. 1 und 3 (Bd. 2 und 4 fehlen).
Nürnberg: Anton Koberger, 24. Januar bzw. Prid. Non. Mart. [= 6. März] 1482. 2°.
GW 871. Hain 643. Proct. 2016.
Am Anfang ornamentale Initiale, Initialen rot und blau ergänzt, rot und blau rubriziert mit Jahreszahlen 1488 und 1489.
Spärliche Randbemerkungen.
Eigentumsvermerk: Die Initiale am Anfang zeigt das Wappen des Basler Karthäuserpriors Jakob Louber mit der Jahreszahl 1488.

4 ALEXANDER SERMONETA Ca II 182^{2}
Commentariolus super consequentiis Strodi, emendatus per doctorem Ludovicum Posterlam de Mantua.
Venedig: Leonhard Wild, 6. Januar 1481. 4°.
Hain 15094.

5 ALFONS de Spina Ja II 103
Fortalicium fidei.
Nürnberg: Anton Koberger, 25. Februar 1494. 4°.
GW 1578. Hain 875. Proct. 2088.

Initialen rot und blau ergänzt, rot und blau rubriziert. Randbemerkungen.
Eigentumsvermerk: (1) Wolfart möchte den Band auf Grund eines Schriftvergleichs Michael Hugo zuordnen. (2) Auf der Innenseite des Vorderdeckels farbiges Exlibris der Stadtbibliothek Lindau (Stadtwappen).

6 (Fragment) ALMANACH auf das Jahr 1482 P I 54y
[Augsburg: Johannes Blaubirer, 1481]. 2°.
GW 1356.

1 Bl.
Losgelöst aus Nr. 50 (= L I 51).

ALMANSOR s. RAZI, Abu-Bakr Muhammad.

7 AMBROSIUS von Mailand Ja I 5
Expositio seu explanatio in corpus evangelii Lucae.
Augsburg: Anton Sorg, 1476. 2°.
GW 1602.? Hain 900. Proct. 1648.

Bl. 2 mit Textverlust beschädigt. Spärliche Randbemerkungen.

8 ANGELUS de Clavasio K I 33
Summa angelica de casibus conscientiae
Nürnberg: Anton Koberger, V. Kal. Sept.
[= 28. August] 1488. 2°.
GW 1927. Hain 5385. Proct. 2064.

Initialen rot und blau ergänzt, rot rubriziert.

9 ANSELM von Canterbury Ja II 142
Opuscula
[Basel: Johannes Amerbach, nicht nach 1497]. 4°.
GW 2033. Hain 1136. Proct. 7648. Goff A 761. Stolz 19.

Randbemerkungen. Angebunden an Nr. 85.

10 ANTONINUS von Florenz Ja I 47–48
Summa theologica. Bd. 1–2 (Bd. 3–4 fehlen).
Bd. 1 Nürnberg: Anton Koberger, XVI. Kal. Nov.
[= 17. Oktober] 1478. 2°.
Bd. 2 Nürnberg: Anton Koberger, VI. Id. Oct.
[= 10. Oktober] 1477. 2°.
GW 2186. Hain 1242.

Bd. 1 beginnt mit farbiger Initiale, Bd. 2 mit Initiale in Rot und Blau, sonst Initialen rot ergänzt, rot rubriziert. Randbemerkungen.

ARISTOTELIS DE HISTORIA ANIMA
LIVM LIBER TERTIVS INTERPRE-
TE THEODORO·

DE CAETERIS INTERIORIBus Partibus quot nam aut quales ſint & quas iter ſe habeant differētias: dictum iam eſt. Reſtat ut de his quę ad generationem miniſtrāt diſſeramus. Ergo & femininis ōnibus intus cōditę habentur maribus autem multiplici differentia euariāt: Nam īter animalia ſanguinei generis aliis teſtes nulli omnino ſunt Aliis ſunt quidem: Sed intus & iis quę intus continent: aut lumbis adhęrent: circiter ſedem renum: aut aluo crediti ſunt: aliis foris dependent: quibus genitale: aut aluo annexum ſu-ſtinetur: aut demiſſum pendet cum teſtibus: nec uero modo eodem ad aluum omnibus continetur: Sed aliter iis qui exad uerſo mingunt: Aliter his qui exauerſo: piſcium igitur nulli ſunt teſtes: nec cęteris quibus branchię: neq; ulli ſerpentum: nulli deniq; quod pedibus careat niſi intra ſe formare animal poſſit: Auibus teſtes dati omnibus ſunt: non tamen qui foris pendeāt: ſed qui intus adhęreant: lumbis: quomodo quadru pedibus quoq; ouiparis habenť: ut lacerto teſtudini crocodilo & inter ea quę animal generant: herinaceo. Quę autem intus continēt iis ad aluum nectuntur: ut delphino ex his quę pedi bus uacant: ut elephāto: ex iis quę quadrupedes uiuiparę ſūt Cęteris conſpicuos eſſe teſtes natura uoluit: diſcrimē autem eorum qui ad aluum aut locum proximum poſiti in ꝓpatulo ſunt: diximus: Aut enim hęrent annexi retro: nec tremuli pē dent: ut ſuibus: aut ante propenſi demiſſiq; geruntur: ut ho-mini: piſces ut modo dixi & ſerpentes teſtibus carent. Sed meatus continent binos: q de ſępto exorti latus: ſpinę utrūq; perreptent: coeantq; ſuperne in unum: atq; ita ad hoſtium ex cremēti finiant: quod enim ad ſpinam eſt: id ſupius nomino pleni hi meatus humoris foetifici reddūtur: tempore coitus at trituq; mutuo ſemen effluit genitale candidum: Sed quibuſ

d

Aristoteles, De animalibus. Venedig: Johannes von Köln und Johannes Manthen, 1476 (Nr. 13)

GAZE

THEODORI:GRAECI:THESSALONICENSIS:PRAEFATIO:IN LIBROS:DE ANIMALIBVS:ARISTOTELIS:PHILOSOPHI:AD XYSTVM:QVARTVM:MAXIMVM.

LYcurgum lacedęmonium qui leges ciuibus suis constituit: Reprehendunt nō nulli Pontifex summe Xyste quarte: q̄ ita tulerit leges ut belli potius q̄ pacis rationem habuisse uideretur. Numam uero pompilium regem Romanū laudāt maiorem in modum: q̄ pacis adeo studiosus fuerit: ut nulla causa moueri ad bellum pateretur: quorum sententiam et si alias probo: ut debeo (nihil enim pace commodius: nihil sanctius) Tamen cum uita hominum ita ferat: ut bella uitari interdum nequeant. Sic censeo prętiniendum consulendumq̄ ut & bellū interdum sit suscipiendum: si res urget: & pax seruanda sit semper: si fieri potest: nec belli ratō unquā probanda sit: nisi ut demum rebus compositis quieto tranquilloq̄ animo uiuamus. Non enim ad pugnam & homicidia: nō ad discordias et bella nati sumus: sed ad cōcordiam & humanitatem: Itaque principis īstitutum atque officium id esse reor ut pacē summa opera petat: seruet: & colat. Quod cum Romanos pontifices fere omnes fecisse quo ad potuerint: intelligam: laudo illorum animum: Q, neque ab īstituto naturę bonę recesserint: & pręceptum autoris diuini seruarint: quod sępissime pacem conciliat: & commendat. Sed usum nō nullorum ausim reprehendere. Pace enim qua uti debuerant ad litterarum et artium bonarum studia: et uirtutum officia: illi q̄dem ad uoluptates parum honestas abusi sunt. quod cum omni hominum ordini sit turpe: tum pōtificis personę turpissimū est. fuerunt tamen & qui recte pace uterentur: & pontificatum magna cum laude gererent: quibus te similē uideo plane successisse. prestas enim doctrina & moribus: quo fit ut nomen tuum immortalitati mandandum censeas studio potius litterarum quę nūquam peunt: q̄ uel ędificiorum quę

Gaz

11 ANTONINUS von Florenz K I 30–31
Summa theologica. Bd. 2–3 (Bd. 1 und 4 fehlen).
Straßburg: Johannes Grüninger, XVI. Kal. Sept. [= 17. August]
bzw. Prid. Non. Dec. [= 4. Dezember] 1490. 2°.
GW 2191. Hain 1248. Proct. 457,459. Goff A 967. Stolz 27.
Initialen rot ergänzt, rot rubriziert.

12 ARDOYNUS, Santes Ma I 64
De venenis.
Hrsg. von Dominicus de Canalis.
Venedig: Bernardinus Ricius, 19. Juli 1492. 2°.
GW 2318. Hain 1554. Proct. 4963.
Auf den Innenseiten der Einbanddeckel Bruchstücke lateinischer
Pergamenthandschriften.

13 ARISTOTELES Ca I 5
De animalibus. Lat. Übers. von Theodor v. Gaza.
Venedig: Johannes von Köln und Johannes Manthen, 1476. 2°.
GW 2350. Hain 1699. Proct. 4312.
Initialen rot und blau ergänzt. Randbemerkungen.
Eigentumsvermerke: (1) Pro usu Iacobi Sturm Filij Martini Sturm,
Manu Ia[cobi] W[imphelingi] Sletst[atensis] 1501. (2) Georgius Eckius
mihi S[amueli] L[ins] dono dedit Lindauia anno 1611, quem ob publicum
usum Bibliothecae huic semper adiunctum esse cupio.
Vgl. Nr. K I 3.

14 ASTESANUS von Asti L I 38
Summa de casibus.
[Straßburg: Johannes Mentelin, um 1472]. 2°.
GW 2750. Hain 1889. Proct. 211.
Am Anfang Initiale in Rot und Blau, Initialen sonst rot ergänzt, rot
rubriziert. Randbemerkungen.

15 AUGUSTINUS, Aurelius Ja I 49
De civitate dei cum commento Thomae Valois et
Nicolai Triveth.
[Straßburg: Johannes Mentelin, nicht nach 1468.] 2°.
GW 2883. Hain 2056. Proct. 201,202. Leuze 71.
Initialen rot und blau ergänzt, rot rubriziert. Am Ende Vermerk des
Rubrikators »anno 1468«. Randbemerkungen.

◁ *Aristoteles, De animalibus. Venedig: Johannes von Köln und Johannes Manthen, 1476 (Nr. 13)*

16 AUGUSTINUS, Aurelius Ja II 9[1]
De trinitate. *Angefügt:* Liber Boethii ad Symachum de trinitate.
Venedig: Paganinus de Paganinis, 12. November 1489. 4°.
GW 2927. Hain 2038. Proct. 5164.

Es fehlen die bei Hain erwähnten 74 Bll. von Hilarius, de trinitate contra Arianos.

17 AUGUSTINUS, Aurelius Ja I 6
Liber epistolarum.
[Straßburg: Johannes Mentelin, um 1470]. 2°.
GW 2905. Hain 1966. Proct. 208.

Am Anfang eine ornamentale Initiale in Rot und Blau, Initialen sonst rot und vereinzelt blau ergänzt. Spärliche Randbemerkungen. Auf den Innenseiten des Einbanddeckels Bruchstück einer deutschen Pergamenturkunde von 1460 aus Ravensburg, genannt der Stadtamman Hans Faber (Fauber).

18 AUGUSTINUS, Aurelius Ja II 10
Meditationes.
Venedig: Andreas de Bonetis, 23. Juli 1484. 4°.
GW 2864. Hain 1947. Cop. II 734. Proct. 4813.

Initialen rot ergänzt, rot rubriziert. Randbemerkungen. Im Einband Bruchstücke lateinischer Pergamenthandschriften.
Eigentumsvermerk: Das letzte Blatt enthält einige chronikalische Notizen zum Bauernkrieg von 1525 von Anthonius Pantaleonis, vicarius zu Walthussenn. Zum Jahre 1526 vermerkt derselbe Schreiber den Tod des Dekans des Kapitels Teuringen (»Diringen«) und Pfarrers von »Hassenweiler« Stephanus Hagen.

19 AUGUSTIS, Quiricus de Ma I 71[1]
Lumen apothecariorum.
Cremona: Petrus de Maliferis, 27. August 1494. 2°.
GW 3064. Hain 2119.

Spärliche Randbemerkungen. Auf dem Vorsatzblatt vorne fünf Rezepte von verschiedener Hand des 15. und 16. Jhs., desgleichen auf der letzten Seite und auf drei beigebundenen Bll. zahlreiche lateinische (und einige deutsche) Rezepte.
Eigentumsvermerk: Ex libris Osualdi.

AVENZOAR s. Abu Marwan Ibn Zuhr.

AVERROES s. IBN RUSCHD.

20 (Fragment) AVISAMENTA confessorum, forma absolutionis. P I 54[h]
[Augsburg: Hans Schönsperger um 1489]). 4°.
Einbl. Dr. 393.

2 Bll., einseitig bedruckt.
Losgelöst aus Nr. 138 (N I 40).

B

21 BAGELLARDUS, Paulus Ma II 89
Libellus de aegritudinibus infantium
[Padua:] Bartholomaeus de Valdezoccho und Martinus de Septem Arboribus, 21. April 1472. 4°.
GW 3166. Hain 2244. Proct. 6756.

Eigentümervermerk: (1) Ioannis Antonij olim Toxtri [toxicatoris ?] artium et medicinae doctoris 1575 mense Augusto 16 (?).
(2) Calixti Rietmannj D[octoris].
Hinten ein Blatt mit einer Arzneitaxe des 16. Jhs.

22 BALBUS, Johannes Ca I 34
Catholicon
[Straßburg: Adolf Rusch, um 1470]. 2°.
GW 3184. Hain 2253. Proct. 247.

Unvollständiges Exemplar. Einige farbige Initialen mit Rankenwerk, sonst Initialen durchwegs rot und blau ergänzt, rot und blau rubriziert. Spärliche Randbemerkungen.

23 BARZIZIUS, Christopherus Ma I 19
Introductorium ad medicinam et practica.
Hrsg. v. Johannes Antonius Bassimus.
Pavia: Antonius de Carchano, 20. August 1494. 2°.
GW 3672. Hain 2666. Proct. 7066.

Spärliche Randbemerkungen. Auf den Innenseiten der Einbanddeckel Bruchstücke einer lateinischen Pergamenturkunde des 15. Jhs., genannt Hugo abbas ... monasterii Rinow und das Allerheiligenkloster Schaffhausen (Scafusz).

24 BECKENHUB, Johannes K I 22[1]
Tabula super libros sententiarum cum Bonaventura.
[Freiburg i. Br.: Kilian Piscator, nach 1493]. 2°.
Cop. II 930.

Initialen rot und blau ergänzt, rot und blau rubriziert.

BERGOMENSIS, Jacobus Philippus, s. Foresti, Jacobus Philippus

25 BERNHARD von Clairvaux Ja II 9[2]
Epistolae cum aliis ejusdem tractatibus.
Mailand: Leonhard Pachel, 15. Dezember 1495. 4°.
GW 3927. Hain 2873. Proct. 5998.
Angebunden an Nr. 16.

26 BIBLIA latina. G I 5–6
Bd. 1–2
[Straßburg: Heinrich Eggestein, nicht nach 1466]. 2°.
GW 4208? Hain 3035. Proct. 258.
Bd. 1 am Anfang mit farbiger Initiale auf Gold mit Rankenwerk, Initialen rot und blau ergänzt, rot rubriziert, umfangreiche Randbemerkungen.
Bd. 2 am Ende fehlen 4 Bll. Initialen rot und blau ergänzt, rot rubriziert. Spärliche Randbemerkungen.
In beiden Einbänden Reste lateinischer und deutscher Pergamenturkunden (Kempten).

27 (Fragment) BIBLIA latina. Psalterium cum cantico. P I 54[b]
[Beromünster: Helias Heliae, um 1470]. 2°.
Proct. 7797.
2 Bll. enthaltend Psalm 52 – Psalm 58.
Losgelöst aus Nr. 113.

28 (Fragment) BIBLIA latina. P I 54[a]
[Nürnberg: Anton Koberger, 6. März 1479]. 2°.
Hain 3072.
2 Bll. enthaltend Teile von 1. Samuel, 2–5 und 15–17.
Losgelöst aus Band mit der Signatur K I 32.

29 BIBLIA latina cum expositionibus Guillelmi Britonis et additionibus Pauli Burgensis ac replicis Matthiae Doering. G I 10–13
Angefügt: Nikolaus von Lyra, Contra perfidiam Iudaeorum.
Bd. 1–4.
[Lyon:] Johannes Siber, [nach 7. Mai 1485, um 1488]. 2°.
GW 4290. Hain 3163. Cop. II 1036. Proct. 8542.
In jedem Bd. fehlen einige wenige (meist leere) Bll. In Bd. 1 und Bd. 3 21 bzw. 17 Holzschnitte.
Am Anfang von Bd. 1 und Bd. 4 ornamentale Initiale, sonst Initialen rot und blau ergänzt, rot und blau rubriziert. Randbemerkungen.
Eigentumsvermerk: Bd. 2 Domini Vlrici Röttenberg. Bd. 3 Liber Domini Vlrici Röttenberg.

30 BIBLIA latina cum glossa ordinaria Walafridi Strabonis et interlineari Anselmi Laudunensis. Bd. 1–4. [Straßburg: Drucker mit dem bizarren R., d. i. Adolf Rusch für Anton Koberger, kurz nach 23. September 1481]. 2°. GW 4282. Hain 3173. Cop. I 3173. Proct. 299. Goff B 607. Stolz 56. Leuze 76–78. G I 1–4

Initialen rot und vereinzelt blau ergänzt, rot rubriziert. Bd. 2 im Einband Reste einer deutschen Pergamenturkunde aus Konstanz, genannt Conrad Wechsler und Hanns Bruw (?) und Anna sin elich wib. Ebenda eingeklebt Ablaßbrief von Papst Sixtus IV. für die Kirche in Urach, ausgestellt Rom X. Kal. Jul. = 22. Juni 1479. Bd. 3 desgleichen für die Kirche Mariae Virginis in Freiburg i. Br., ausgestellt Rom Id. Oct. = 15. Oktober 1479, darauf die Unterschrift Conradus Pier artium liberalium magister.

Beatus vir q̄ nō abijt ps.i
in consilio impioꝝ.ꝛ ī via
peccatoꝝ nō stetit:ꝛ in cathe
dra pestilētie nō sedit. Sed
in lege dn̄i volūtas ei⁹:ꝛ in
lege ei⁹ meditabit die ac no
cte. Et erit tanq̄ lignum qd
plātatum ē secus decursus
aquaꝝ:qd fructū suū dabit in tpe suo. Et folium
ei⁹ nō defluet:ꝛ oia quecūq; faciet pspabunt. Non
sic impij nō sic:sed tanq̄ puluis quē pijcit vētus a
facie terre. Ideo nō resurgēt impij in iudicio:ne
q; peccatores in consilio iustoꝝ. Quoniā nouit
dn̄s viam iustoꝝ:ꝛ iter impioꝝ pibit. Gla. ps.ij.
a ij

Biblia latina, Psalterium cum hymnis. [Basel: Michael Wenssler, um 1485] (Nr. 31)

31 BIBLIA latina, Psalterium cum hymnis. G II 1
[Basel: Michael Wenssler, um 1485]. 4°.
Ad. Schmidt, Nachträge zu Hains Repertorium, No. 293.
Josef Bär, Frankfurter Bücherfreund 1909, S. 112.

Am Anfang schöne Initiale in Rot und Blau.
Eigentumsvermerk: Derr Burgermeister Anthoni Remen Erben In die Liberey verordnet.

32 BIBLIA, deutsch. G I 7
[Straßburg: Heinrich Eggestein, nicht nach 1470]. 2°.
GW 4296. Hain 3129. Proct. 286.

12 farbige Initialen auf Gold mit Ranken- und Blattwerk, die übrigen Initialen rot, blau oder grün ergänzt, auf Bl. 398^v die Jahreszahl 1474 des Rubrikators. Zahlreiche (deutsche) Randbemerkungen.
Eigentumsvermerke: (1) Exlibris von Carl Ganser 1602. (2) Bibliothecae Rei publicae Lindaviensi consecrata a Magistro Johanne Jacobo Portzelio V. D. M. anno 1724.

33 BIBLIA, deutsch. G I 8
Augsburg: [Günter Zainer 1475/76]. 2°.
GW 4298. Hain 3133. Proct. 1577. Goff B 627. Stolz 61.

2 Bll. handschriftlich ergänzt. 74 figürliche Holzschnitte, davon einige koloriert. Initialen rot ergänzt.

34 BIBLIA, deutsch, Bd. 2 (Bd. 1 fehlt). G II 2
Augsburg: Hans Schönsperger, 1487. 2°.
GW 4305. Hain 3139. Proct. 1765.

Der vorliegende Bd. 2 umfaßt die Sprüche Salomons bis zum Ende des Neuen Testaments. Fehlen die Bll. 400, 401, 559, 566–68, 573–74, 582–83, 598, 607, 614, 630, 686, 788, 791, 794. Initialen rot (und vereinzelt) blau ergänzt, rot rubriziert. 13 kolorierte Holzschnitte.

35 (Pseudo-)BONAVENTURA K I 24
Sermones de tempore et sanctis.
Reutlingen: [Johannes Otmar]. 1485. 2°.
GW 4814. Hain 3517. Proct. 2707.

Teilweise Initialen rot ergänzt, teilweise rot rubriziert.

BONAVENTURA s. auch unter PETRUS LOMBARDUS

36 (Pseudo-)BONAVENTURA (d. i. Nikolaus v. Hannapes) K II 21[1]
Biblia pauperum.
[Straßburg: Johannes Prüß], 1490. 4°.
Hain 3502. Goff B 851. Stolz 68.

Wenzeslaus Brack, Vocabularium latino-germanicum. Augsburg: Günter Zainer, um 1471 (Nr. 37) ▷

Caput /haupt/ Est membrum animalis in quo omnium sensuum tam exteriorum q̃m interiorum organa ponuntur et per qd̕ sũmitur alimentum Et dicitur a verbo capio quia capit cognitionẽ rerum p̱ sensus Vel dicit̃ a capio quia omnis sensus et om̃es phantasie initium capiunt. Atq̧ ex eo omnis causa vigendi oritur Ibi enim omnes sensus apparent Et quandoq̧ caput ponitur pro principio rei · sicut dicimus in capite libri scriptũ est id est in principio Quandoq̧ ponitur p̱ principali vel domino alterius vel aliorum sicut dicitur vir iste est caput mulieris · vñ versus Principiũ caput est p̱s corporis et dñat̃

n s Caluitium

f q Caluicies glacz

m t Crinis /har/ Est fiscosa pilositas ex fumosa sup̱fluitate nascẽs et p̱ poros pellis pertransiẽs et calore naturali ꝓpulsa Et dicit̃ a cerno secũdũ vocem · sed quãtum ad significationẽ potius dicit̃ ad isterno qd̕ significat distinguẽ vl̕ separe q̃a homĩes officio pectinis ab inuicẽ distingunt ꝛ seperant ut vult ysiderus · et ꝓprie crines sũt mulierum ut vult hugo sic dict̕ q̃a victis discernunt̃ vñ versus Est coma quadrupedis colubri iuba siue leonis.

f q Cesaries hoĩs crinis proprie mulieris Huius ꝛ illius bene dicit̃ esse capillus.

f t Vertex is · scheytel Est summa p̱s capitis in q̃ capilli ab inuicem distingunt̃, et dicit̃ a uerto q̧ ibi pili v̕tunt̃ ꝛ distingunt̃ ab inuicẽ · Et q̃nq̧ v̕tex sũmitur p̱ sũmitate mõtis vel alterius rei.

m s Capill̕ /lock/ ẽ ꝯuolutio m̃ltoꝝ criniũ vl̕ piloꝝ

Das erst capitel deß sybenden tractatz

Durch die für bittung aller lieben heiligē dis
ser sechsten dractat vol bracht ist. so bit ich mit gantzem flyß alle usserweltē
menschē ob eim immer gütz entspring oder gescheche uß dissem buoch got dem
almechtigen zu lobe das lidens sins eingeborn suns zu bedrachtten dem hei
ligen geist sinner genaden zü dancken die himelische keiserin zu eren allen lie
ben engeln zu freüden allen liebē heilgen zu wol gefallen den usser weltē men
schen zu nütze beger ich ungelert von allē gelertten den sybenden dractat zu
entpfohē vñ zu machē uff das du kurtzlich findē magst ein iedes stück der du
notturfft wurst in dissem werck und genant ist antidotarius mit eim kurzen
begriff got wels es erlengen den es notturfft ist.

37 BRACK, Wenzeslaus — Ca I 130

Vocabularium latino-germanicum.
Augsburg: Günter Zainer, um 1471. 2°.
Cop 6326. Proct. 1576.

Teilweise rubriziert, handschriftlich foliiert, Randbemerkungen.
Eigentumsvermerk: Iste liber pertinet Nicolao Hartmann.

38 BREVIARIUM CONSTANTIENSE — K IV 126

[Basel: Michael Wenssler, um 1490]. 8°.
GW 5322.

Unvollständig, teilweise handschriftlich ergänzt (datiert am Ende 1498).
Eigentumsvermerke: (1) Sum J. Loheri und (von gleicher Hand) Sum Loheri.
(2) Zwei weitere Eintragungen bis auf die Jahreszahl 1552 gelöscht.

39 BREVIARIUM METENSE — K III 210

[Basel: Michael Wenssler, um 1490/91]. 8°.
GW 5386.

Nicht ganz vollständig.
Randbemerkungen, insbesondere Ergänzungen im Kalenderteil.
Eigentumsvermerk: Donum domini Jacobi Mathaei Thomanni (durch Restaurierung des Einbandes in Verlust geraten).

KL Junius habet dies .xxx.
Nox habet horas .viii. dies .xvi.
Nichomedis martiris
Marcellini et petri martirum
Pergentini et laurentini martirum
Erasmi epi et mar.
Bonifacii sociorumque eius
Medardi et Gildardi eporum
Primi et Feliciani martirum
Amancii episcopi
Barnabe apostoli
Basilidis Cirini et Naboris mart.
Anthonii confessoris
Viti Modesti et Crescentie martirum
Legyncii Feomini metn. epi Ferucii
Marci et marcelliani martirum
Geruasii et Prothasii martirum
Vitalis martiris
Albani martiris
Albini martiris .x. milium martirum
Auiti confessoris. Vigilia.
Natiuitas sancti Johannis baptiste
Translatio sancti Eligii epi
Johannis et Pauli martirum
Crispini et Crispiniani mar.
Leonis pape Vigilia
Petri et Pauli apostolorum
Commemoratio sancti Pauli

KL Julius habet dies .xxxi.
Nox habet horas .viii. dies .xvi.
Theobaldi confessoris
Visitatio beate marie virginis
Translatio sancti Martini epi
Translatio sancti wandalini confessoris
Octava apostolorum Goaris confesso.
Kyliani et sociorum eius mart.
Septem fratrum martirum
Translatio sancti benedicti abbatis
Margarethe virginis et martiris
Divisio apostolorum
Alexii confessoris
Translatio .s. arnulphi metn. epi
Rufine virginis
Victoris martiris
Victoris mart. Praxedis virginis
Marie magdalene
Apollinaris martiris
Segolene virginis. Cristine virginis
Jacobi apostoli. Xpofori mar.
Judoci confes.
Ermelai presbiteri. Frominii metn. epi.
Panthaleonis martiris
Lupi episcopi et confessoris
Abdon et sennes martirum
Germani episcopi et confessoris

Breviarium Metense. [Basel: Michael Wenssler, um 1490/91] (Nr. 39)

◁ *Hieronymus Brunswig, Buch der Cirurgia. Straßburg: Johannes Grüninger, 1497 (Nr. 40)*

40 BRUNSWIG, Hieronymus Ma I 61
Buch der Cirurgia.
Straßburg: Johannes Grüninger, dienstag nach St. Peter und Paul [= 4. Juli] 1497. 2°.
GW 5593. Hain 4017. Proct. 481.

49 Holzschnitte (viele mehrfach). Randbemerkungen.

41 (Fragment) BULLA AUREA, deutsch P II 68[2]
Venedig: Nikolaus Jenson, 1477. 2°.
Hain 4079.

5 ungez. Bll. (von insgesamt 28 Bll.). Angebunden sind drei handschriftliche Texte: (1) der Judeneid, 3 Bll. (2) Die Könige von Frankreich und der ungetreue Marschall, 12 Bll. (3) Verfassung und Stände des hl. röm. Reichs, 3 Bll.
Angebunden an Nr. 97.

Der Zug der Heiden gegen Portugal, aus: Thomas Lirer, Chronik. Ulm: Konrad Dinckmut, 1486 (Nr. 97)

C · D · E

42 CALDERINUS, Johannes — L I 46
Repertorium iuris.
[Basel: Michael Wenssler], Id. Dec. [= 13. Dezember] 1474. 2°.
GW 5904. Hain 4248. Proct. 7461.
Initialen rot ergänzt, rot rubriziert.

43 CASSIODOR — N I 42[2]
Historia ecclesiastica.
[Köln: Konrad Winters von Homburg, vor 1478]. 2°.
GW 6165. Hain 4571. Cop III S. 252. Proct. 1175.
Initialen rot (und vereinzelt) blau ergänzt, rot rubriziert. Randbemerkungen.
Angebunden an Nr. 57.

44 CICERO, Marcus Tullius — Ja I 56[2]
Rhetorica vetus et nova cum commentario M. Fabii Victorini.
Venedig: T. Z. P. und Petrus Johannes de Quarengis,
15. April 1493. 2°.
GW 6741. Hain 5248. Proct. 5475.
Angebunden an Nr. 93.

COMESTOR, Petrus s. PETRUS Comestor

45 CONSUETUDINES feudorum. — L I 53[2]
Basel: Michael Wenssler, Prid. Kal. Aug. [= 31. Juli] 1478. 2°.
Dieser Vermerk gehört zu dem hier fehlenden Institutionendruck,
dem unser Stück angefügt ist.
GW 7597. Hain 9507. Proct. 7487.
Initialen rot und blau ergänzt, rot und blau rubriziert, am Ende Signet
des Rubrikators. Vgl. Nr. 47 und Nr. 48.
Angebunden an Nr. 47.

46 COPIA bullae seu sententiae definitivae sacri generalis concilii Basiliensis. *Angefügt:* Anselm von Canterbury, Epistola de sancte conceptione gloriosae virginis Mariae. [Köln: Johannes Guldenschaf, um 1480]. 4°. Cop II 1763. Proct. 1219. Ja II 11[8]

Angebunden an Nr. 66 bis Nr. 72.

47 CORPUS IURIS CIVILIS L I 53[1]

Institutiones Iustiniani cum glossa.
Basel: Michael Wenssler, Prid. Kal. Iun. [= 31. Mai] 1476. 2°.
GW 7594. Hain 9500. Proct. 7479.

Initialen rot und blau ergänzt, rot und blau rubriziert, am Ende Signet des Rubrikators (vgl. Abbildung). Vgl. Nr. 45 und Nr. 48. Randbemerkungen. Angebunden ist Nr. 45.

48 CORPUS IURIS CIVILIS L I 36[1]

Institutiones Iustiniani cum glossis secundum modum Angeli de Aretio.
Venedig: Rainald von Nimwegen, 18. März 1490. 2°.
GW 7623. Hain 9522.

Initialen rot und blau ergänzt, rot und blau rubriziert, am Ende Jahreszahl 1490 und Signet des Rubrikators (vgl. Nr. 45 und Nr. 47). Randbemerkungen. Angebunden ist Nr. 117.

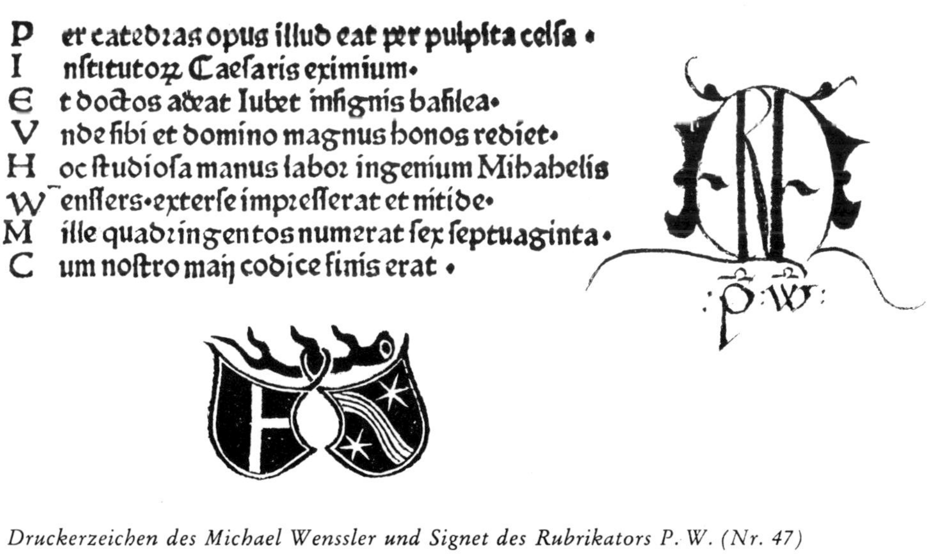

Druckerzeichen des Michael Wenssler und Signet des Rubrikators P. W. (Nr. 47)

¶ Der .xxix. Artickel

das ye ñer todt wer so hinterrt es in nit an seinem rechten vnd
er mag es fordern bey jar vnd tag als er es erfert vt. C. de iuris
et facti igno. l. error Weste er aber seines rechtes nit daz entsch
uldigt in nit/ wañ ein yetlicher soll sein recht wissen / vt. C. e. ti.
l. constitucioẽs Doch seind dreyerley leüt dẽ man hylfft ob sy.
jres rechten nitt wyssen als rittern/ vt. C. de iuris et facti igno. l.
j. Vnd kinder vt. C. de reresti minorum. l. Vnd frawes namen
vt. C. de iuris et facti igno. l. non possum Vnnd bauren dürffen
auch jre recht nit wissen oder kumen vt. j. li. iij. ar. lxxix. in glo.
Bnimpt es auch redliche sach vnd das man dye sach beweyse
so mag er auch da mit warten Welche sachen das seind dz hast
du hye nyden li. ij. ar. vij. et in auct. de ex hiben et in troduc reis
§. plurimum colla. v. et. C. ex. q̃bus decauß in int̃ resti pertotũ.

¶ Articulus. .xxix.

AN aygen vnd an höfen mag sich der sachß ver-
schwigen bei dreyssig jaren vñ jar vn tag er nit
¶ Daz reych vnd die schwaban mügen sich ny-
mer verschweigen an jrem erbe die weyle sy es
gezeügen. ¶ Glosa.

AN aigen vñ an höfen Hie begiñet er zů sagen wie man
auch nach Römischen recht gůtes herschafft erkriegett
Wañ allein das man mit prauchung ein gůt verwert dz
der d' vor recht darzů hat diß mit recht nit gewiñen kan/ daz ha
ben dye römer auff pracht vt in sti de vscapi et longi tempo pre
schrip. §. iure ciuili Diß recht ist darumb fundẽ das ein gůt alle
zeyt dẽ herrn gewiß sey/ wañ das man mit redlycher besyczung
pring ein gůt in ein gewißheyt/ das ist das man nach d' zeyt all
er clag sälig sey vt in sti. de vsucapi et longi. §. j. Disen arti. ne
men vil leüt für sich vñ sagen Jch hab es in meinẽ gewere dem
die darzů recht haben jr gůt entweren ¶ Darũb das ich das vil
in gerichten hab gehört/ darumb will ich dich des baß entrichtẽ
ob dir diß widerfüre. So wyß was zů einer rechten gewere ge-
hört gůt gelaube das ist das er sunder falsch söl dar für haben dz
ers ein herre sey der es jm in sein gewere ließ vt. ff. de contrahẽ
emp. l. q̃ fundum ¶ Zů dem andern mal solle er haben in seyner
gewer redliche sach/ das ist er solle es gekaufft haben oder dz es

49 CORPUS IURIS CIVILIS L I 3
Codex Iustiniani cum apparatu.
Basel: Michael Wenssler, Non. Iul. [= 7. Juli] 1487. 2°.
GW 7734. Hain 9608.
Initialen rot und blau ergänzt, rot rubriziert. Bearbeiter wahrscheinlich Andreas Helmut. Randbemerkungen.

DISCIPULUS s. HEROLT, Johannes

50 DOMINICUS von S. Geminiano L I 50–51
Lectura super sextum decretalium. Bd. 1–2.
Hrsg. von Johannes Stoll und Heinrich Niffer aus Speyer.
[Speyer:] Petrus Drach, [1477–80]. 2°.
GW 8648. Hain 7530. Proct. 2342.
Am Anfang ornamentale Initiale wie in Nr. 91, Initialen sonst rot ergänzt, rot rubriziert.

51 DURANTI, Guillelmus Ja I 58
Rationale divinorum officiorum.
Straßburg: [Johannes Prüß], 1486. 2°.
GW 9131. Hain 6491.

52 EIKE von Repgow L I 229
Sachsenspiegel mit Glosse, Ordnung des rechten, lateinischer Übersetzung des Sachsenspiegels und Anhang.
Augsburg: Hans Schönsperger, am freitag vor Margarethe [= 12. Juli] 1482. 2°.
GW 9258. Hain 14 076.
Eigentumsvermerk: Joh. Schilter.

53 EIKE von Repgow L I 230
Magdeburgisches Weichbild, Sächsisches Lehenrecht.
Remissorium.
Augsburg: Anton Sorg, an montag nächst vor Thome [= 16. Dezember] 1482. 2°.
GW 9266. Hain 13 866.
Eigentumsvermerke: (1) Hans Jacob Schellang ist daß bůch. (2) Habs zu Rauennspurg an Herr Hannßen Finckhen seeligen Gannet khaufft. (3) Exlibris von J. U. D. Bartholomäus Hensler aus Ravensburg, der das Buch 1649 der Stadtbibliothek Lindau schenkte.

Eike von Repgow, Sachsenspiegel. Augsburg: Hans Schönsperger, 1482 (Nr. 52)

54 (Fragment) EIKE von Repgow P I 54[1]
Sachsenspiegel mit Glosse.
Augsburg: Anna Rügerin, 1484. 2°.
GW 9259. Hain 14 077. Proct. 1860.
1 Bl. (zweimal vorhanden) aus dem 1. Buch, Art. 15.

55 EPISTOLA de miseria curatorum seu plebanorum. Ja II 105[7]
[Straßburg: Martin Schott, vor 25. Oktober 1489]. 4°.
GW 9348. Hain 6612. Proct. 406. Goff E 54. Stolz 112.
Angebunden an Nr. 112 und Nr. 132.

56 EPISTOLARE et evangeliare per totum annum de tempore et de sanctis. K II 21[5]
[Basel: Michael Wenssler, um 1485]. 4°.
Zahlreiche Randbemerkungen.
Angebunden an Nr. 36, 60, 92 und 129.

57 EUSEBIUS von Caesarea N I 42[1]
Historia ecclesiastica. Lat. Übers. von Rufinus.
[Utrecht: Nicolaus Ketelaer und Gerardus Leempt]. 1474. 2°.
GW 9434. Hain 6709. Proct. 8841.
Initialen rot und (vereinzelt) blau ergänzt, rot rubriziert. Randbemerkungen.
Angebunden an Nr. 43.

58 (Fragment) EVANGELIENERKLÄRUNG, lateinisch. P I 54[n]
[Augsburg: Anton Sorg oder Johannes Schobser]. 2°.
2 Bll.
Losgelöst aus Nr. 24.

59 EYB, Albrecht von Ca I 133
Margarita poetica.
Basel: Johann Amerbach, 1495. 2°.
GW 9537. Hain 6825. Proct. 7606.
Es fehlen drei Bll. am Ende. Im Einband Bruchstücke einer lateinischen Pergamenthandschrift.

F · G

60 FELICIANUS K II 21[3]
De divina praedestinatione. Capitulum de retentione decimarum.
Memmingen: Albert Kunne, [um 1485]. 4°.
Hain 6952. Proct. 2782.

Randbemerkungen.
Angebunden an Nr. 36, 56, 92 und 129.

61 FORESTI, Jacobus Philippus (gen. Bergomensis) N I 40[2]
Supplementum chronicarum.
Venedig: Bernardinus Ricius, 15. Februar 1492. 2°.
Hain 2809. Proct. 4962.

Die 3 letzten Bll. mit Textverlust beschädigt. 45 Holzschnitte im Text. Initialen rot und blau ergänzt, rot rubriziert. Spärliche Randbemerkungen.
Angebunden an Nr. 138.

62 FRIDOLIN, Stephan Ja I 59
Der Schatzbehalter.
Nürnberg: Anton Koberger, 18. [8. ?] November 1491. 2°.
Hain 14 507. Proct. 2070.

Einige Bll. eingerissen. Mit 96 Holzschnitten nach Zeichnungen von Michael Wolgemut und Wilhelm Pleydenwurff. Auf Bl. 1 und 3 je eine mehrfarbige Initiale in Gold (beschädigt). Initialen rot ergänzt, rot rubriziert.

Darstellung der Arche Noah, aus: Jacobus Philippus Foresti, Supplementum chronicarum. Venedig: Bernardinus Ricius, 15. Februar 1492 (Nr. 61)

63 GAZIUS, Antonius Ma I 46
Florida corona medicinae.
Venedig: Johannes und Gregorius de Gregoriis,
20. Juni 1491. 2°.
Hain 7501. Proct. 4518 (?). Leuze 105.
Randbemerkungen.

64 (Fragment) GEDICHT, italienisch, auf Jesu, beginnend P I 54r
»O Iesu sommo bene o magno dio ...«
Nach Bestimmung von Konrad Haebler [Venedig: Johannes
Baptista de Sessa, um 1500]. 2°.
1 Bl. mit Holzschnitt, einseitig bedruckt.
Losgelöst aus Nr. 44 und Nr. 93.

Darstellung des Sündenfalls, aus: Jacobus Philippus Foresti, Supplementum chronicarum. Venedig: Bernardinus Ricius, 15. Februar 1492 (Nr. 61)

65 GERSON, Johannes Ja I 147
Opera et tractatus. Bd. 1 (Bd. 2 und 3 fehlen).
Basel: Nikolaus Kessler, IV. Id. Mart.
[= 12. März] 1489. 2°.
Hain 7624. Proct. 7672. Goff G 187. Stolz 124.
Initialen rot (am Anfang eine in Blau) ergänzt, rot rubriziert.

66 GERSON, Johannes Ja II 11[6]
Conclusiones de diversis materiis moralibus.
[Köln: Ulrich Zell, um 1470]. 4°.
Hain 7639. Proct. 869.
Angebunden an Nr. 67 bis 72.

67 GERSON, Johannes Ja II 11[4]
De efficacia orationis. Tractatus de diversis diaboli temptationibus.
[Köln: Ulrich Zell, um 1470]. 4°.
Hain 7687. Proct. 835.
Initialen rot ergänzt, rot rubriziert. Randbemerkungen.
Angebunden an Nr. 66 und Nr. 68 bis 72.

68 GERSON, Johannes Ja II 11[5]
De remediis contra pusillanimitatem etc.
[Köln: Ulrich Zell, um 1470]. 4°.
Hain 7705. Proct. 838.
Initialen rot ergänzt, rot rubriziert.
Angebunden an Nr. 66, 67 und Nr. 69 bis 72.

69 GERSON, Johannes Ja II 11[7]
Sermo de conceptione gloriosissimae dei genetricis Virginis Mariae.
[Köln: Johannes Guldenschaf, um 1478]. 4°.
Hain 7721. Proct. 1222.
Angebunden an Nr. 66 bis 68 und Nr. 70 bis 72.

70 GERSON, Johannes Ja II 11[3]
Tractatulus de cognitione castitatis et pollutionibus diurnis.
[Köln: Ulrich Zell, um 1470]. 4°.
Hain 7692. Cop. II 2689. Proct. 831.
Initialen rot erganzt, rot rubriziert.
Angebunden an Nr. 66 bis 69 und Nr. 71 und 72.

71 GERSON, Johannes Ja II 11²
Tractatulus de pollutione nocturna.
[Köln: Ulrich Zell, um 1470]. 4°.
Hain 7696. Proct. 837.

Initialen rot ergänzt, teilweise rot rubriziert.
Angebunden an Nr. 66 bis 70 und Nr. 72.

72 GERSON, Johannes Ja II 11¹
Tractatus de symonia, de probatione spirituum, de eruditione confessorum, de remediis contra recidivum peccandi a confessionibus dandis.
[Köln: Drucker des Dares (= Johannes Solidi), um 1472]. 4°.
Hain 7708. Proct. 997.

Angebunden an Nr. 66 bis 71.

GOLDENE BULLE s. BULLA AUREA, deutsch

73 GORDON, Bernhardus Ma I 42⁴
De urinis. De pulsibus.
Ferrara: Andreas Gallus, 4. März 1487. 2°.
GW 4087. Hain 7803.

Randbemerkungen.

74 GORDON, Bernhardus Ma I 47
Practica dicta lilium medicinae. De decem ingeniis curandorum morborum, de regimine acutarum aegritudinum, de pronosticis, de urinis.
Venedig: Bonetus Locatellus für Octavianus Scotus, XI. Kal. Ian. 1498 [= 22. Dezember 1497]. 2°.
GW 4084. Hain 7800. Proct. 5095.

Spärliche Randbemerkungen. Auf den Innenseiten der Einbanddeckel lateinische Pergamenthandschriften.

75 GRATIAN L I 5
Decretum cum apparatu. Hrsg. v. Petrus Albignanus.
Venedig: Johannes von Köln und Johannes Manthen, III. Non. Ian. [= 3. Januar] 1479. 2°.
Hain 7894.

Initialen rot und blau ergänzt, rot und blau rubriziert. Randbemerkungen. Eigentumsvermerk: Domini Vlrici Röttenberg decretorum licentiati rectoris parrochialis ecclesiae Lindaw 1505.

76 GREGOR I. Ja II 13
Regula pastoralis.
Paris: Ulrich Gering und Berthold Rembolt,
18. Juli 1498. 4°.
Hain 7989. Proct. 8307.
Randbemerkungen.

77 (Fragment) GREGOR IX. P I 54^{m}
Decretales.
Nürnberg: Anton Koberger, 10. Juni 1496. 2°.
Hain 8034.
1 Bl.

Gregor I., Regula pastoralis. Paris: Ulrich Gering und Berthold Rembolt, 18. Juli 1498 (Ausschnitt aus Nr. 76)

78 GUILLERMUS PARISIENSIS K I 44
Sermones dominicales ex epistolis et evangeliis.
Tübingen: Johannes Otmar, feria tercia post Invocavit
[= 19. Februar] 1499. 2°.
Hain 8323. Proct. 3230.

79 GUIDO de Baysio K I 9
Rosarium super decreto.
[Straßburg: Johannes Mentelin, um 1473]. 2°.
GW 3744. Hain 2713. Proct. 213.

Initialen rot ergänzt, rot rubriziert. Randbemerkungen.
In lateinische Pergamenthandschrift (mit Noten) eingebunden.

Si delectet opes: nomen ſi forte rogaris
Artificis: legito: carmina lecta dabunt.
Hieronymus latij ſum gloria: me venerantur
Chriſticolæ: ſum nam doctor & eccleſiæ.
Conſcripſi varia: diſtinxi & ab ordine pſalmos:
Biblia quid referat mecq; dediſſe putes:
Quaſq; vides coram miſſiuas tranſfer: habebis
Lex ſacra dicar ego: Huic quoq; Hieronymus
Nil lacheſi ſuperat: Nicolaus viuere keſler
Nomen perpetuo me facit ingenio.
Cui merito celebris vrbs inclyta ſectaq; ab vndis.
Rheni condignum dat Baſilea locum.
Non nummis nocuis (lector credas: ne labori
Atteſtatur opus) parcere doctus erat.
Menda operi nulla eſt: calamū fugias: pete chartas
Preſſas: arte noua quære characteribus.

.M.CCCC.XCVII.

Druckerzeichen des Nikolaus Kessler aus Basel (Nr. 83)

H · I · J

80 HEROLT, Johannes K I 17
Sermones de tempore per circulum anni.
[Straßburg: Drucker mit dem bizarren R., d. i.
Adolf Rusch, vor 1489]. 2°.
Hain 8473. Proct. 249.

Initialen rot ergänzt, rot rubriziert. Randbemerkungen.
Auf der Innenseite des Hinterdeckels Bruchstücke einer lateinischen Handschrift und einer deutschen Pergamenturkunde.

81 HERP, Heinrich K I 97
Speculum aureum decem praeceptorum dei.
Nürnberg: Anton Koberger, IV. Id. Mart.
[= 12. März] 1481. 2°.
Hain 8524. Proct. 1999.

Initialen rot ergänzt, rot rubriziert. Randbemerkungen.
Auf den Innenseiten des Einbanddeckels auf Lindau bezügliche deutsche Pergamenturkunde aus dem Jahre 1482 (Freilassung eines Leibeigenen). Genannt die Äbtissin Ursula von Prassberg, genannt Vögtin von Summerau (1476–1491).

82 HIERONYMUS Ja I 46
Epistolae.
Main: Peter Schöffer, 7. September 1470. 2°.
Hain 8553. Proct. 91. Leuze 35.

Auf Bl. 1 zwei schön ausgeführte Initialen in Rot und Blau, sonst Initialen rot ergänzt, rot rubriziert. Spärliche Randbemerkungen.

83 HIERONYMUS Ja I 44
Epistolae.
Basel: Nikolaus Kessler, 1497. 2°.
Hain 8565.

Drei Teile; es fehlen jedoch in allen drei Teilen einige Blätter. Auf der Rückseite des Titelblatts Holzschnitt des Hl. Hieronymus. Initialen rot ergänzt.

terra
Terra
aute
erat
ina
nis

84 HUGO de Prato Florido — K I 16
Sermones dominicales.
[Reutlingen: Michael Greyff]. 2°.
Hain 8999. Proct. 2681. Leuze 52.

Initialen rot ergänzt, rot rubriziert. Randbemerkungen.
Im Einband ein Bruchstück einer deutschen Pergamenturkunde vom
25. Juli (an Sant Jacobstag) 1475, genannt der Stadtamman zu Wangen
Hans Bipen (?) als Siegler.

IBN RUSCHD s. unter ABU Marwan Ibn Zuhr

IBN ZUHR s. ABU Marwan Ibn Zuhr

85 JACOBUS von Jüterbog — Ja II 14[1]
Lavacrum conscientiae omnium sacerdotum.
Köln: Heinrich Quentell, 28. Juni 1499. 4°.
Hain 9962. Proct. 1357.

Randbemerkungen. Am Ende 3 S. mit handschriftlichen Notizen: (1) Fragen an einen Sterbenden. (2) Lateinisches Rezept gegen Blähungen. (3) Todesdaten von Verwandten eines Eigentümers des Buches. Auf den Innenseiten der Einbanddeckel Reste einer lateinischen Pergamenthandschrift.
Eigentumsvermerk: L. H. R. (in einer Ligatur) a religioso patre Matheo Artzat Bruchsellensis (sic !) 1538 (die Jahreszahl ist möglicherweise aus einer späteren Zeit).

86 JACOBUS de Voragine — K I 18
Sermones de sanctis. Bd. 2 (Bd. 1 fehlt).
[Basel: Johannes Amerbach]. 2°.
Cop. III 6545.

Initialen rot ergänzt, rot rubriziert. Randbemerkungen. Auf den Innenseiten des Einbanddeckels auf Lindau bezügliche deutsche Pergamenturkunde aus dem Jahre 1470. Genannt werden der Stadtamman Jakob vom Stein, ferner Heinrich Rapolt, Heinrich Gremlich und Hans Geger sowie ein Grundstück in der Grub.

87 (Fragment) JACOBUS de Voragine — P I 54°
Sermones de sanctis.
[Straßburg:]. 2°.
1 Bl.

Losgelöst aus Nr. 30.

◁ *Darstellung des heiligen Hieronymus, aus: Hieronymus, Epistolae. Basel: Nikolaus Kessler, 1497 (Nr. 83)*

88 JACOBUS de Voragine N I 109
Leben der Heiligen. Sommerteil.
Augsburg: Johannes Bämler, am Samstag vor St. Bartholomäustag [= 19. August] 1475. 2°.
Hain 9970.

Am Anfang kolorierte Holzschnittinitiale mit Rankenwerk. 125 kolorierte Holzschnitte.

89 JACOBUS de Voragine N I 49
Leben der Heiligen. Sommerteil.
Augsburg: Hans Schönsperger, Montag vor sant Affrentag [= 5. August] 1499. 2°.
Hain 9987.

Eigentumsvermerk: Dominus Adamus Herpeanus Inn die Lyberey verehrt.

90 JAMBLICHUS Ca I 56
De mysteriis Aegyptiorum, Chaldaeorum, Assyriorum et alia opuscula.
Venedig: Aldus Manutius, September 1497. 2°.
Hain 9358. Proct. 5559. Goff J 216. Stolz 164.

91 JOHANNES von Bromyard K I 10
Summa praedicantium.
Nürnberg: Anton Koberger, III. Kal. Jul. [= 29. Juni] 1485. 2°.
Hain 3994. Proct. 2043.

Am Anfang ornamentale Initiale, Initialen rot ergänzt, rot rubriziert. Spärliche Randbemerkungen. Auf der Innenseite des Vorderdeckels Bruchstück einer lateinischen Handschrift.

92 JORDANUS von Quedlinburg K II 21^2
Textus passionis Christi. Item articuli passionis.
[Basel: Johannes Amerbach, um 1500]. 4°.
Hain 9443. Proct. 7625.

¶ Hie hebt ſich an das Sůmer teil der heyligē leben / vn̄ zů dē erſten von dem liebē heiligen lerer ſant Ambroſio dem Biſchoff.

SAnctus Ambroſius der wz ein gůt heyliger man vn̄ hett got lieb. vnd was tugentlich / vn̄ was demůtig vnd weiß. vn̄ was ein gůter lerer der heyligen geſchrifft. Vnd leget allen ſeinen fleyß darauff / Das er gotes lob breytet. vnd hat die criſtenheyt wol gezieret mit manigen edlen nüczen ſprüchen. vn̄ iſt der vier lerer einer. vnd was eynes mannes ſun von Rom. Vnd die weyl er in der wiegen lag / do kam ein groſſer ſchwarm der bynen auff das kind / vnd bedackten im ſein antlucz alles / vnd theten doch dē kind keinen ſchaden / Darnach füren die bynen hoch auff in die lüfft dz nam die leut alle wunder. domit beweiſet got des kindes wirdikeyt. Dz kind wůchß auff in groſſen tugenden. ¶ Eines tags do

Darstellung des heiligen Ambrosius, aus: Jacobus de Voragine, Leben der Heiligen. Augsburg: Johannes Bämler, 1475 (Nr. 88)

Darstellung der Heiligen Antonius, Mang und Veit, aus: Jacobus de Voragine, Leben der Heiligen. Augsburg: Johannes Bämler, 1475 (Nr. 88)

L · M · N

93 LACTANTIUS Firmianus Ja I 56[1]
De divinis institutionibus adversus gentes.
Venedig: Vincentius de Benaliis, 22. März 1493. 2°.
Hain 9816. Proct. 5376.

Randbemerkungen. Angebunden ist Nr. 44.
Eigentumsvermerk: Emptus Padue XXVII die Apprilis M.cccc⁰ ix⁰ iiij⁰ (1494 ?) Johanne Mathyo.

94 Desgl. 2. Exemplar Ja I 57[1]

Angebunden ist Nr. 128.
Eigentumsvermerk: Wendelinus Lutz. Emptus 6 Bacis.

LEBEN DER HEILIGEN s. JACOBUS de Voragine.

95 (Fragment) LENTULUS P I 54[g]
Unechter Brief des Präfekten von Jerusalem an den römischen Senat, lateinisch.
[Augsburg: Johannes Wiener, um 1476]. 2°.

1 Bl., einseitig bedruckt.
Losgelöst aus Nr. 105.
Deutsch bei J. N. Sepp, Das Leben Christi, 1. Aufl. Regensburg 1846, S. 76.

96 LEONHARD von Udine K I 14
Sermones quadragesimales.
Ulm: Johannes Zainer, 1478. 2°.
Hain 16 119. Proct. 2518. Leuze 82.

Nach Bl. 27 fehlen zwei leere Bll. Initialen rot ergänzt, rot rubriziert. Randbemerkungen. Auf den Innenseiten der Einbanddeckel Bruchstücke deutscher Pergamenturkunden des 15. Jhs.

97 LIRER, Thomas P II 68[1]
Chronik.
Ulm: Konrad Dinckmut, am dornstag nach unser Frauen Himmelfahrt [= 17. August] 1486. 2°.
Hain 10 118.

Einige Bll. mit Textverlust beschädigt. 23 Holzschnitte (nicht koloriert). Initialen rot ergänzt. Randbemerkungen. Die Chronik ist von einem unbekannten Verfasser, vermutlich in Konstanz, bis zum Jahre 1499 fortgesetzt. Angebunden ist Nr. 41.
Eigentumsvermerk: An zwei Stellen (vorne und hinten) begegnet ein Wappen bzw. Hauszeichen, das vermutlich dasjenige eines Eigentümers (evtl. auch des Verfassers der Fortsetzung ?) ist. Eine Identifizierung war uns nicht möglich.

98 LUCANUS, Marcus Annaeus Ca I 55[1]
Pharsalia cum duobus commentis Johannis Sulpitii Verulani et Omniboni Vicentini.
Venedig: Simon Bevilaqua, 20. Oktober 1498. 2°.
Hain 10 242. Proct. 5409.

Randbemerkungen. In lateinische Pergamenthandschrift gebunden.

99 MACER, Aemilius Ma I 93
De virtutibus herbarum.
Neapel: Arnoldus de Bruxella, 9. Mai 1477. 2°.
Hain 10 420.

Spärliche Randbemerkungen. Auf den Innenseiten der Einbanddeckel lateinische Pergamenthandschriften.

100 MANLIUS, Johannes Jacobus Ma I 71[2]
Luminare maius.
Pavia: Antonius de Carchano, 9. April 1494. 2°.
Hain 10 711.

Nach Bl. 3 fehlen 2 Bll. Randbemerkungen. Angebunden an Nr. 19.

Die Festung Luikirchen, aus: Thomas Lirer, Chronik. Ulm: Konrad Dinckmut, 1486 (Nr. 97)

101 MARQUARD von Lindau — P I 62

Von den zehn Geboten.
Venedig: Erhard Ratdolt, 1483. 2°.
Hain 4034. Proct. 4391.

Am Anfang eine farbige Initiale.
Eigentumsvermerk: (1) Iste liber est Monasterij Sanctorum Martyrorum Alexandri et Theodori In Ottnnbura Ordinis Sancti Benedicti Aug[ustanae] dyoceseos et datus est per doctorem Johannem Hertlin presbyteri In Augusta pro Remedio animae suae domini 1505. Quocumque tollatur, Ottenbura meum fatur. (2) Carl Emile Chelard, Gymnasiast zu St. Anna in Augsburg, erhalten von Herrn Cath. Püschel den 2. December 1837.

102 MECKENLOHER, Friedrich — P I 54[x]

Figura de feudis paternis.
(Lehen-Erbrecht, lateinisch).
[Straßburg: Johannes Prüß, um 1490]. Quer-2°.
Einbl. Dr. 994.

1 Bl., einseitig bedruckt.
Losgelöst aus Nr. 45 und 47.

103 (Fragment) MECKENLOHER, Friedrich — P I 54[w]

Figur und Unterweisung über väterliche Lehen
(Lehen-Erbrecht, deutsch).
[Straßburg: Johannes Prüß, um 1490]. Quer-2°.
Einbl. Dr. 995.

1 Bl., einseitig bedruckt.
Losgelöst aus Nr. 45 und 47.

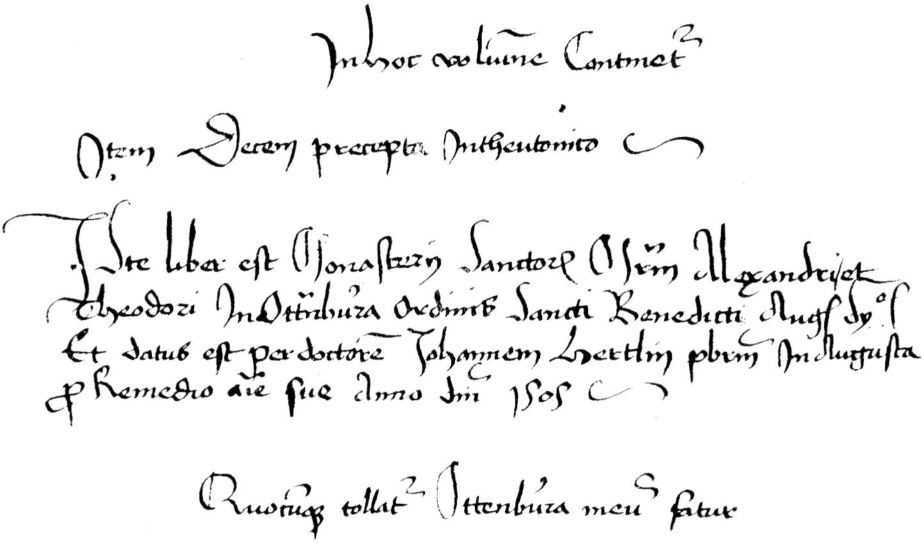
In hoc volumine Continet(ur)
Item Decem precepta Intheutonico
Iste liber est Monasterij Sanctorum Martyrum Alexandri et Theodori In Ottnbura Ordinis Sancti Benedicti Aug[ustanae] dyo[ceseos] Et datus est per doctorem Johannem Hertlin presbyterum In Augusta pro Remedio animae suae Anno domini 1505
Quocumque tollatur Ottenbura meum fatur

104 MEFFRETH K I 96
Hortulus reginae. Bd. 1 (Bd. 2 und 3 fehlen).
Basel: Nikolaus Kessler, 24. Mai 1488. 2°.
Hain 11 006.
Es fehlt das 1. Bl. (Titelblatt). Initialen rot und blau ergänzt.

105 MOLITOR, Johannes K I 29
Tabula super totam summam domini Antonini.
[Köln: Heinrich Quentell), M.CCCC.ū.
GW 2200. Hain 1261. Proct. 1301.
Rot rubriziert.

106 NIKOLAUS von Tudeschis L I 14–17
Lectura super V libros decretalium, Bd. 1–4.
Basel: [Johannes Amerbach], 1480/81. 2°.
Hain 12 312. Goff P 48. Stolz 278.
Bd. 1 und Bd. 2 Initialen rot ergänzt, rot rubriziert. Randbemerkungen. Bd. 1 im Einband Bruchstück einer deutschen Pergamenturkunde aus Lindau, genannt Hans Steinmeyer (Staimar); desgleichen in Bd. 2 Bruchstück einer deutschen Pergamenturkunde vom 21. August (Donstag nächst St. Bartholomäustag) 1477 aus Lindau, genannt ein Mürgel vom Ziegelhus und Josen Argers hus; in Bd. 4 Reste eines Lindauer Urbars des 15. (?) Jhs., genannt das Spital sowie die Namen Haintz Herreman, Jacob von Stein, Uolrich Grauf, Uolrich Hoptman, die Trachterin, Barthlame Loblichs tochter, Hans Lantz, Hans Witzigman, Hiltprand Spilman.

107 NIKOLAUS von Tudeschis K I 15
Lectura super secundum librum decretalium pars prima.
[Basel: Michael Wenssler], 1477. 2°.
Hain 12 309. Proct. 7482.
Am Anfang fehlt 1 Bl., die letzten 12 Bll. sind stark beschädigt (mit Textverlust).

108 NIKOLAUS von Tudeschis L I 52
Lectura super quarto et quinto libro decretalium.
Hrsg. v. Johannes Aloisius Tuscanus.
Rom: Georg Lauer, 28. April 1475. 2°.
Hain 12 331.
Initialen rot ergänzt, rot rubriziert. Randbemerkungen. Auf den Innenseiten des Einbanddeckels Bruchstücke einer deutschen Pergamenthandschrift religiösen Inhalts.

◁ *Eigentumsvermerk des Klosters Ottobeuren (Nr. 101)*

I

In dem nomē des vaters vnd des suns vnd des heiligē geist facht an das buch der zehē gepot.

Diß buch der zehen gepot das do gezogen ist auß der heiligen geschrift sagt vnd leget auß: nit allein klare vnd schöne vnderweisung sunder auch nützliche vnd notbere lere zů christenlichen wesen vnd leben: nach den ze/hen gepoten die vnser herr gab herrn moysi an zwaien steinen tafeln: vnd vmb bedéder vnderrichtung wegen ist hie inn geordnet wie der iünger begirlichen fraget: vnd im der meister inbrünstlichē vnd klüglichen antwort nach dem du hernach beschaiden findest.

Der iünger fragt den meister

Ich begere das du mich beweisest von den zehen gepoten gotes klerlicher vnd auch mer dañ du vor zeiten anderen leuten hast gethān.

Der meister Du voderst von mir äine werck das vber mein sinne vnd kraft ist vnd begerst vō äinē blinden gefürt werden: doch seint mich göttliche liebe dar zů zwinget das ich dir nichts versagē kan: her vmb wil ich dir die gebote gots beklern vnd baß vnd lenger dann ich vormals getān han: vnd wil dir do von schreibē dar vmb das sie dir seinn ein wege vnd ein weise zů dem ewigen leben der seligkeit. Seint xpūs sprach zů dem iüngling wiltu behalten werden so behalt die gepot: vnd wan ich dein selikeit liebhabe als mein hertz vnd leben. Dar vmb so man ich dich in got das du mit fleis vnd mit ernste in dise nach geschriben gepot sehest: dy do sind ein weg aller ge/rechtigkeit vnd auser den nyemant behaltē werden mag. Und seint dein begirde dises wercke an mir vodert Darvmb han ich gedacht mit meinem kleinen bekennen äinen weg von denn zehen gepoten gots zů sagen: vnd ob ich das thůn so find ich das der ewig got vor allen dingen wil sein hei/lige gepote behalten han von dem menschen: da von gab er sie zů haltē seinē auserwelten volck von israel vnd sprach also Audi israel Hör israel die ge/pote deins herren vnd schreib sie in dein hertz So wil ich dir geben äin lant das do hinflewßet von milch vnd vō honig Dise milch ist nicht anders dan die lauter mynnigkleich menschait vnsers herren ihesu xpi: vnd das honig ist nicht anders dan sein süße abgrüntliche götheit die er geben wil allē den die sein gepot behalten. War vmb wenestu anders das dir got zehē finger vnd zehen zechen vnnd fünf außwédig synne hab geben dan allain dar vmb das sie dich zů seinen zehen gepoten mantē: vnd wiße das alle außwēdigkeit allain vnd die inwendigkeit gemacht ist vnd alle ding gemacht sein vns zů äinem vermanen zů äinem wege gen got: vnd darvmb sprach Sanctus Augustinus O suauissima lux purgate mētis sapiētia O du aller süßtes liecht

Marquard von Lindau, Von den zehn Geboten. Venedig: Erhard Ratdolt, 1483 (Nr. 101)

P · R · S

109 PERSIUS, Aulus Flaccus Ja I 57[3]
Satyrae cum commentario Bartholomaei Fontii.
Venedig: Dionysius Bertochus und Peregrinus Pasquale, 10. September 1484. 2°.
Hain 12 724. Proct. 4845.

Randbemerkungen. Angebunden an Nr. 94 und 128.

110 PETRUS Comestor H I 67
Scolastica historia.
Straßburg: [Drucker des Jordanus von Quedlinburg, d. i. Georg Husner], 1485. 2°.
Hain 5533. Proct. 593.

Titelblatt abgerissen. Im Einband ein Bruchstück einer deutschen Pergamenturkunde vom 1. März (Freitag nach St. Matthias des Zwölfboten Tag) 1392, aus Lindau genannt der Stadtamman Swartz Gebez.

111 PETRUS LOMBARDUS K I 20–23
Liber sententiarum mit Kommentar des Bonaventura. Bd. 1–4
Freiburg i. Br.: Kilian Piscator, [nach 1493]. 2°.
Hain 3541. Proct. 3213.

Initialen rot und blau ergänzt, rot und blau rubriziert. Bd. 4 im Einband Reste lat. Pergamenthandschriften.

112 PETRUS von Rosenheim Ja II 105[1]
Roseum memoriale divinorum eloquiorum.
[Köln: Drucker des Petrus de Rosenheim, um 1483].
Hain 13 988. Proct. 1517.

Auf dem Vorsatzblatt von einer Hand des 16. Jhs. folgende Namen aufgeführt: Jacobus Kleob, Christoferus (gestrichen: Westerman und darüber geschrieben:) Schilling, Hupertus Forster, Iohannes Waltzhutanus, Michael Bimser, Fridelinus Waltzhutanus, Clemens Beg . . . , Johannes Ensl, Martinus Ruosser, Petrus Gersterer, Antonius Göp, Zacharias Zengel, Georgius Angermar. Außerdem erscheint der Name Augsburg neben einer Reihe von anderen Eintragungen.
Eigentumsvermerk: Georgius (?) Maeschilus hunc librum mihi comparavi 18 cruciferis.

Epiſtola de miſeria curatoꝛũ

Petrus von Rosenheim, Roseum memoriale.
[Köln: Drucker des Petrus de Rosenheim, um 1483] (Nr. 112)

113 PHILELPHUS Ca II 99
Epistolae.
[Basel: Johann Amerbach, nicht nach 1488]. 4°.
Hain 12 929. Proct. 7622. Goff P 587. Stolz 228.

Am Anfang Initialen teilweise rot ergänzt. Randbemerkungen. Im Einband Bruchstücke einer lateinischen Pergamenthandschrift.

114 PLATINA, Bartholomäus N I 68
De vita Christi ac pontificum omnium.
Nürnberg: Anton Koberger, III. Id. Aug.
[= 11. August] 1481. 2°.
Hain 13 047. Proct. 2005. Leuze 40.

Initialen rot und blau ergänzt, rot rubriziert. Zahlreiche Randbemerkungen von der Hand Nikolaus Brendlins.
Eigentumsvermerke: (1) Wappen mit weißem, nach rechts aufspringendem Hund in Rot. (2) N[ikolaus] B[rendlin] 1515 Tecum habita. (3) Joh. Jacobus Rothius Lindaviensis est verus possessor huius libri 1639. (4) Dono viduae me possidet M. Balthasar Philgus.

115 (Fragment) PLENARIUM, deutsch P I 54[1]
[Augsburg: Johannes Bämler]. 2°.

Bll. 195 und 196, einseitig bedruckt (Korrekturabzüge ?).
Losgelöst aus Nr. 88.

116 PLINIUS SECUNDUS (der Ältere), Caius A I 14
Historia naturalis.
Venedig: Rainald v. Nimwegen, 6. Juni 1483. 2°.
Hain 13 095. Proct. 4445. Leuze 118.

Randbemerkungen.
Eigentumsvermerke: Auf dem vorderen Innendeckel ein mit Juni 1529 datiertes lateinisches Gedicht von Kaspar Heldelin.

117 PORCHUS, Christophorus L I 36[2]
Lectura super primo, secundo et tertio libro Institutionum cum additionibus Jasonis de Mayno.
Venedig: Andreas Parmensis de Soziis, 24. Dezember 1484. 2°.
Hain 13 293.

Initialen rot und blau ergänzt, rot und blau rubriziert. Am Anfang handschriftliches Register. Randbemerkungen. Angebunden an Nr. 48.

Platine historici liber de vita christi:
ac pontificum omniũ: qui hactenus du-
centi ⁊ vigintiduo fuere.

Nobilitatis maximã partem duci ex his

maioribꝫ qui clari iustiq; fuere: quiq; ob
singularem aliquam virtutem imperaue-
runt: nemo ẽ qui ambigat: nisi qui Pla-
tonis auctoritateꝫ non adeo probat: cuiꝰ
quadripartitam de nobilitate diuisionẽ:
quãtum ad genus pertinet: christus rex
noster consecutus est. Quem enim ex gẽ-
tilibus habemꝰ: qui gloria et nomine cuꝫ
dauid ⁊ Salomone: quiq; sapientia ⁊ do-
ctrina cuꝫ christo ipso conferri merito de-
beat ac possit. Neminem certe. Nascitur
christus ex tribu iuda nobilissima quidẽ
ob vetustatem ⁊ imperium inter hebreos
vnde propheta Jacob inquit. Non aufe-
retur sceptrum de tribu iuda quoad ve-
neri qui mittendus est: his erit prefecto
expectatio gentium. Quot autem reges
vel duces vel pontifices in ea tribu fue-
rint non attinet dicere: cum libri tum no-
ui: tum veteris testamenti huius nobilis-
sime genealogie mentionem faciant. Ve-
rum cum post longissima tempora inter
Aristobolum et Hircanum Alexandri
regis et põtificis filios orta seditio de prĩ-
cipatu esset: tandem Herodi alienigene
regnum iudeorum a romanis tradit̃: ex
patre em̃ Idumeo: et matre arabe natus
et iudeorum legisperitos interfecit: et ge-
nealogias incendit ad integendam gene-
ris sui notam. Cessauit ergo ac merito q-
dem eorum vnctio: hoc est imperium: qr
ex Danielis sententia sanctussanctorum
venerat: quem Maria virgo angelo an-
nunciante ex spiritusancto concepit. ⁊ pe-
perit in bethleem iude: Cyrino tum Sy-
rie preside anno ab vrbe condita septin-
gentesimo quinquagesimo secundo: im-
perij vo Augusti cesaris: qui tum orbi im-
peritabat anno quadragesimosecundo.
Imperium enim a Caio cesare: tum pro-
pinquitatis: tum hereditatis iure accipi-
ens: vel potius pulsis: ac interfectis par-
ricidis tyrannisq; rempu. vsurpare conã-
tibus monarchiam orbis terrarum ĩ me-
liorem formam redigens: suis temporibꝫ
miram felicitatem prestitit. Nam pacatõ
rebus tum externis: tum domesticis tan-
to in honore non solum apud suos: verũ
etiam apud exteros reges fuit: vt eiꝰ no-
mine ciuitates conderẽt: quas Sebastas
vel cesareas appellarunt. Venere etiam
multi reges ad vrbem visendi hominis cau-
sa: quos ita comiter. et perbenigne susce-
pit: vt ex amicis sibi amicissimos redde-
ret. Cum ciuibus autem suis humanissi-
me vixit: in delinquentes Clemens: erga
amicos liberalissimus est habitus: in cõ-
parandis amicis rarus: in retinendis cõ-
stantissimus. Liberalium artiũ adeo stu-
diosus fuit: vt nullꝰ pene laberetur dies
in quo non legeret aliquid: aut scriberet
aut declamaret. Ingenio et doctria Sa-
lustij. Liuij. Virgilij. Oratij. Asinij polli-
onis: Messale Coruini oratoris insignis
delectatus est: quorum scriptis etiam eiꝰ
res geste immortalitati commẽdate sunt.
Vrbem romam ita exornauit: vt gloriatꝰ
sit se vrbem latericiam inuenisse: marme-
ream relinquere. Hanc felicitatem que
(ne mentiar) magna fuit: maiorem certe
reddidit saluberrimo ortu suo christꝰ rex
noster. Intercessere autẽ a creatione mũ-
di vsq; ad hunc felicissimum natalem di-
em anni quinqꝫ milia centũ ⁊ nonagin-
ta nouem. Nascitur puer sine dolore ma-
tris: quippe qui diuinus erat: non huma-
nus partus: vnde mater integra statim
surrexit: et infantem de more pannis in-
uoluit. E taberna auteꝫ meritoria ĩ trãs-
tyberina regione ex terra oleum erupit:
vt ait Eusebius: fluxitq; toto die sine iter-
uallo christi gratiaꝫ gentibus ostendens
Narrat Orosius Augustum cesarem ea-
dem die mandasse: ne quis se dominũ de-
inceps vocaret. Diuinantem credo verũ
principem orbis terrarum ac mundi toti-
us natum esse. Idem quoq; mandauit vt
in orbe romano omnium hominum capi-
ta censu notarentur: ac si maiori principi

118 PTOLEMÄUS, Claudius B I 20
Cosmographia. Hrsg. v. Nikolaus Germanus.
Ulm: Johannes Reger, für Justus de Albano in Venedig,
XII. Kal. Aug. [= 21. Juli] 1486. 2°.
Hain 13 540.

Prächtig illuminiert, Initialen teils farbig ergänzt, teils kolorierte Holzschnitte, rot rubriziert, 32 kolorierte Landkarten (Holzschnitte). Randbemerkungen.

119 RAINER von Pisa K I 3
Pantheologia. Bd. 1 (Bd. 2 fehlt).
Bd. 2 Nürnberg: Anton Koberger, III. Non. Aug.
[= 3. August] 1474. 2°.
Hain 13 017. Proct. 1967.

Am Ende fehlen 4 Bll. Initialen rot ergänzt, rot rubriziert. Eigentumsvermerk: Caveto ne plura folia auferantur S[amuel] L[ins]. Vgl. Nr. 13.

120 RAZI, Abu-Bakr Muhammad Ma I 42[3]
Liber nonus cum expositione Sillani. Receptae Petri de Tussignano.
Venedig: Octavian Scotus, 10. April 1490. 2°.
Hain 13 896. Proct. 5022.

Randbemerkungen. Angebunden an Nr. 1 und 2.

RHASIS s. RAZI, Abu-Bakr Muhammad

121 ROLEVINCK, Werner E I 2
Fasciculus temporum.
[Köln:] Heinrich Quentell, 1479. 2°.
Hain 6923. Proct. 1240.

Initialen rot ergänzt, rot rubriziert. Randbemerkungen.

122 ROLEVINCK, Werner K I 34[2]
Fasciculus temporum
[Straßburg: Johannes Prüß, nach 1490]. 2°.
Hain 6915. Proct. 571. Goff R 275. Stolz 242.

◁ *Bartholomäus Platina, De vita Christi ac pontificum omnium. Nürnberg: Anton Koberger, 1481. Mit unbekanntem Besitzerwappen (Nr. 114)*

¶ Canonica de febribus magistri Michae
lis sauonarole ad Raynerium siculum incipit

FEbris est calor
additꝰ ca
lori naturali ipm extra
ans i corde primo sic acce
sus vt mediāte spiritu ma
gis ꝛ sāguie etiā pꝰ venas
ꝛ arterias i totū expādat
ita vt oēs eius operatōes
impediat sub causa non permanens primitiua
¶ Et licet de ipsa febre nonnulli aliter sense
rint gentilē tñ nostrū ꝛ alios qui ante eū sic ō ca
iudicarunt eorum parte impresentiarū secutus
sum Scrupulositates ꝙ plures circa diffinitō
nem occurentes obmittēs pratice solum ꝛ nō
speculationibus philosophicis intētus ¶ Di
uidatur itaqꝫ febris in effimeram.acutaꝫ.per
acutam.perperacutā.pestiferam. nō pestiferā
tropicam.sanguineam.colericam.flegmaticaꝫ
melancolicā.ꝛ ex hijs compositā. In febreꝫqꝫ
ex apostematibus contingentem nec non in
cam febrem que ethica nuncupatur de qui
bus omnibus suis agendum capitulis ¶ Et
vt operis nostri que quanta ve sit vtilitas facile
comprehendatur hoc in loco eum inscribā or
dinem qui de ipsis sic positis i uno quoqꝫ ser
uabitur capitulo. Primo namqꝫ febris de qua
sermo erit sua ponetꝰ descriptio. Secūdo eius
adducentur cause factiue. Tertio signa ipsarū
causarum apperientur demōstratiua. Quarto
temporum ipsius febris particularium signa
manifestabuntur nam de signis temporū vliū
ante in secundo capitulo Quinto i scribentur
signa pronostica. Sexto canones addētur nec
cessarij cum eorum complementis. Septimo
affor'.senis nostri Ypocratis de pertinente ma
teria suis applicabuntur locis ¶ Et antequā
ad ea particularia perueniam aliqua prꝰ ano
tabo capitula quedaꝫ continentia generalia ex
parte causarum signorum alteratiuorum solu
tiuorum ꝛ diete notitie febrium ac ipsaꝝ curis
ꝙ maxime deseruientia ita vt canones expar
te diete alteratiuorum ꝛ solutiuorum sumptos
facile quis absqꝫ magno studio valeat adim
plere.

¶ Capitulū Primū de causis febriū i gñali

FEbris cause sunt vt cete
rorꝫ quatuor ¶
Materialis.s. Formalis.efficiēs
ꝛ Finalis. Materialis ē vt aliorū
accidētium materia.s.in qua ipse
calor extraneus subiectatꝰ.ꝛ est triplex mēbrū
.s.humor aut spiritꝰ. ¶ Formalis vero ē ipe
calor extraneus ¶ Efficiens vero est triplex
vere.s.efficiens.augumētans ꝛ cōseruans.ve
re efficiens est.aut primitiua.aut añs aut con
iuncta. ¶ Et nota ꝙ nō necessario i omni fe
bre concurrit triplex modus efficientie dcē.nā
ethica est quandoqꝫ nulla exñte causa aut añte
aut primitiua. ¶ Item cōtingit esse effimerā
absqꝫ caūa añcedēte.ꝛ tu ad hoc ꝯsidera ꝛ bre
uiter causa efficiens febrem est omne quod ca
lefacit corpus ducens ipsuꝫ extra temperamē
tum ad quod sequitꝰ lesio in operationibus vt
supra in diffinitione febris: ꝛ hoc siue per se si
ue per accidens hoc fecerit. ¶ Augumētās ē
oē id q ō siue ꝑ se siue ꝑ añs ꝑdicta adauget ca
litatē. ¶ Conseruās siue custodiēs ē oē illud
quod prohibet eius resolutionē siue extinctio
nem aut quod in eius causam materialem con
uertitur aut efficiētem aut custodientem ꝛ ois
error in curatione proueniens ꝛ quelibet talis
causa est aut naturalis humor in quātitate aut
qualitate peccans aut dimissio consuetudinis
ꝛ huiusmodi: aut non naturalis vt aer calidita
te extrinseca aut fricatione aut preter naturam vt
apostema vel alia egritudo ab hijs enim tribꝰ
sumitur actus curatiuus principalꝛ vt.x.te ra
pentice. ꝛ ideo debet medicus ea omnia tria
memorie bene cōmendare : vt sciat egrum aut
astātes sic i ipsis examinando caūas subtiliter
inuestigare: ex quibus casus medicinalis in su
is integratur terminis : vt ostendi in pratica
mea tractatu primo tertio capiꝰ. ¶ Et breuitꝰ
ad triplex genus reduci pt.vt.s.primo ad inde
bitum occursum rerum nō naturaliū per quas
medicus discurrit. Aut ſo ad pororꝝ constric
tionē siue ꝓhibitā trāspirationē ex occursu frigi
ditatꝭ extrīsece aut intrīse. vñ calor cōculcatur
ꝛ ebulit. Tertio ad corpis dispositionē qꝫ passi
bile ꝛ aptū caloreꝫ recipere extraneū . ¶ Un
de hic scito ꝙ corpus primo ꝛ magis febri pre
paratum loquendo de dispositione febrili in se
ꝛ absolute ꝛ non contracte ꝓpter Auic. est cor
pus calidum ꝛ siccū postea calidum ꝛ humidū
deinde fridum ꝛ siccum. vltio frm ꝛ humidum
nam in habentibus simbolum facilior est transi
tus. ꝑmo de generatōne. ¶ Causa aūt finalis
febris est operationes naturales sensibiliter le
dere ¶ Et quia de causis sic actum est attende
ad clariorem febris intelligētia, ꙩ quincuplex
est modus materie neccessario in febre putrida
reperte ¶ Prima quidē est materia ipsi febri
appropriata vt terciana colꝛa quottidiana flā ꝛ
huiꝰ actu putrescens ꝛ ē cā coniuncta aut nō
putrescens stans sub forma cause añtꝫ quibus

a 2

123 SAMUEL, Rabbi Ja II 49[13]
Ein epistel.
Nürnberg: Kaspar Hochfeder, 1498. 4°.
Hain 14 273.
Eigentumsvermerk: Magister Joh. Georg Bittelmair.

124 SAVONAROLA, Johannes Michael Ma I 41
Canonica de febribus.
[Bologna:] Dionysius Bertochus, 8. März 1487. 2°.
Hain 14 487. Proct. 6574. Goff S 293. Stolz 244.
Initialen rot ergänzt, rot rubriziert.

125 SCHARFENBERG, Albrecht von Ca I 70[1]
Der jüngere Titurel.
[Straßburg: Johannes Mentelin], 1477. 2°.
Hain 6683. Proct. 217.
Deutsche Randbemerkungen.
Eigentumsvermerk: 1594 Hannß vom Syrgenstain der älter.

SCHATZBEHALTER s. FRIDOLIN, Stephan

126 SCHEDEL, Hartmann B I 21
Liber chronicarum.
Nürnberg: Anton Koberger auf Bitten von Sebald Schreyer und Sebastian Kamermaister, 12. Juli 1493. 2°.
Hain 14 508. Proct. 2084.
Über 2000 Holzschnitte (davon viele mehrfach) von Michael Wohlgemut und Wilhelm Pleydenwurff. Die Bll. 98 und 99 sowie die leeren Bll. 259 und 260 fehlen. Randbemerkungen.
Eigentumsvermerk: Anno 15 (Ph. a Freyberg) 45.

127 SCHEDEL, Hartmann E I 1
Buch der Chroniken. Aus dem Lateinischen übersetzt von Georg Alt.
Nürnberg: Anton Koberger, 23. Dezember 1493.
Hain 14 510. Proct. 2086. Leuze 49.
Über 2000 Holzschnitte nach Michael Wohlgemut und Wilhelm Pleydenwurff. Am Anfang schöne Initiale, teilweise rubriziert.
Eigentümervermerk: Sum Thobiae (?) . . . (Text am oberen Rand stark beschnitten) ex dono Nobilis viri Bernhardi Aedlinstett zů Haimertingen Anno 1565.

◁ *Johannes Michael Savonarola, Canonica de febribus. [Bologna:] Dionysius Bertochus, 8. März 1487 (Nr. 124)*

Darstellung der Übergabe des Buches durch den Übersetzer an den Papst Paul II., aus: Claudius Ptolemäus, Cosmographia. Ulm: Johannes Reger, für Justus de Albano in Venedig, 1486 (Nr. 118)

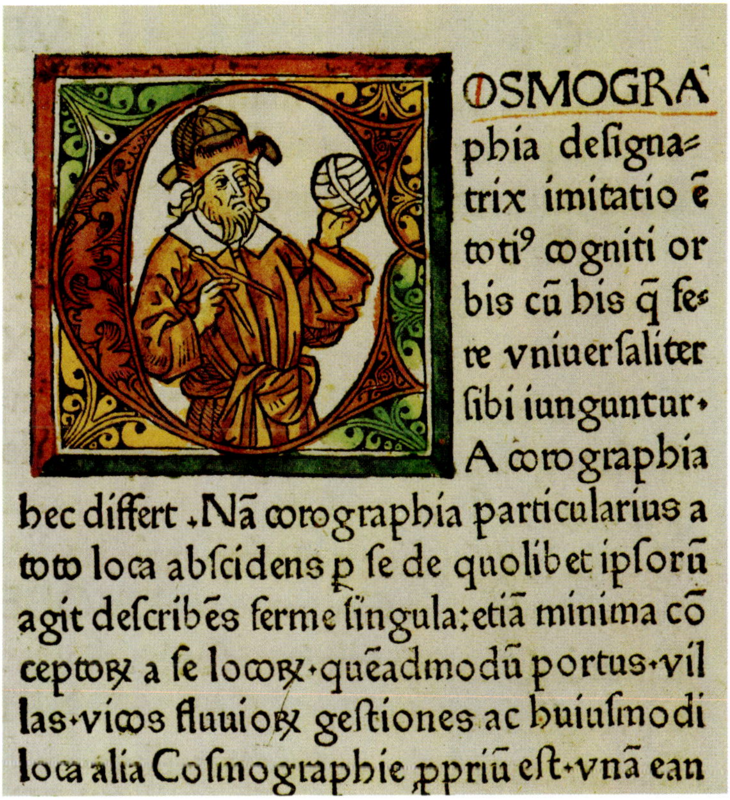
COSMOGRA
phia designa=
trix imitatio ē
totiꝰ cogniti or
bis cū his q̄ fe=
re vniuersaliter
sibi iunguntur.
A corographia
hec differt. Nā corographia particularius a
toto loca abscidens ꝑ se de quolibet ipsorū
agit describēs ferme singula: etiā minima cō
ceptorꝝ a se locorꝝ. quēadmodū portus. vil
las. vicos fluuiorꝝ gestiones ac huiusmodi
loca alia Cosmographie ꝓpriū est. vnā ean

Darstellung des Ptolemäus, aus: Claudius Ptolemäus, Cosmographia. Ulm: Johannes Reger, für Justus de Albano in Venedig, 1486 (Nr. 118)

128 SENECA, Lucius Annaeus Ja I 57[2]
Opera.
Venedig: Bernardinus de Choris, 31. Oktober 1492. 2°.
Hain 14 594. Proct. 5221.

Randbemerkungen. Angebunden an Nr. 94 und 109.
Eigentümervermerk: Sum Wendelini Lutz.

129 SENECA, Lucius Annaeus K II 21[4]
Proverbia de moribus.
[Speyer: Konrad Hist, um 1495]. 4°.

1 Ex. in Darmstadt.
Am Anfang Initialen rot ergänzt und teilweise rot rubriziert.
Angebunden an Nr. 36, 56, 60 und 92.

130 SENECA, Lucius Annaeus Ca I 55[2]
Tragoediae cum commentariis Gellii Bernardini Marmitae et Danielis Caietani.
Venedig: Mathäus Capsasus, 18. Juli 1493. 2°.
Hain 14 668. Proct. 4994.

Randbemerkungen. Angebunden an Nr. 98.

131 SILVIUS, Aeneas Ca II 144
Epistolae. Hrsg. v. Nikolaus v. Wyle.
Nürnberg: Anton Koberger, XVI. Kal. Iun. [= 17. Mai] 1496. 4°.
Hain 156. Proct. 2107.

Am Anfang farbige Initiale in Gold, sonst Initialen rot und blau ergänzt.
Randbemerkungen.

STRODE, Radulphus s. unter ALEXANDER SERMONETA

132 SULPICIUS VERULANUS, Johannes Ja II 105[2]
Opus grammaticum.
[Basel: Johannes Amerbach, um 1480]. 4°.
Hain 15 142.

Teilweise rot rubriziert. Randbemerkungen. Angebunden an Nr. 55 und 112.
Eigentumsvermerk: Palaereus Georgius Maeschilus.

T · V

133 THESAURUS novus sermonum de sanctis. Bd. 2 (Band 1 fehlt). K I 2
Nürnberg: Anton Koberger, X. Kal. Mart. [= 20. Februar]
1487. 2°.
Cop. 5409 = 5415. Proct. 2058. Goff P 528. Stolz 264
(dort nur Bd. 1).
Es fehlen 2 Bll. Spärlich rubriziert.

134 THOMAS von Aquin K I 12[1]
Summae theologicae partis secundae prima pars.
Mainz: Peter Schöffer, 8. November 1471. 2°.
Hain 1447. Proct. 97.
Initialen rot ergänzt, rot rubriziert. Auf den Innenseiten der Einbanddeckel Bruchstücke einer deutschen Pergamenturkunde des 15. Jhs. Genannt werden Hansen Stattknecht und Hansen Kaltschmid zum Albrechts, Baid In Günzburger Pfarre gesessen, Conraten Winckler (?) zu Crafftsried in betzigower Pfarr gesessen, Hansen Ruffler (Rußler ?).

135 THOMAS von Aquin K I 12[2]
Summae theologicae partis secundae secunda pars.
Mainz: Peter Schöffer, 6. März 1467. 2°.
Hain 1459. Proct. 83.
Initialen rot ergänzt, rot rubriziert. Spärliche Randbemerkungen.
Angebunden an Nr. 134.

136 THOMAS von Aquin K I 13
Opus super quarto sententiarum.
Mainz: Peter Schöffer, 13. Juni 1469. 2°.
Hain 1481. Proct. 87. Goff T 168. Stolz 270.
Initialen rot ergänzt, rot rubriziert. Randbemerkungen.

137 THOMAS von Haselbach K I 46
Sermones dominicales super epistolas Pauli. Bd. 1
(Bd. 2 fehlt).
[Straßburg: Drucker des Henricus Ariminensis, d. i.
Georg Reyser], 13. Dezember 1478. 2°.
GW 9173. Hain 8370. Proct. 333.

Nach Bl. 12 fehlen 2 leere Bll. Initialen rot ergänzt, rot rubriziert. Randbemerkungen.

138 TRITHEMIUS, Johannes N I 40[1]
Liber de scriptoribus ecclesiasticis.
Basel: [Johannes Amerbach], 1494. 2°.
Hain 15 613. Proct. 7607.

Auf den Innenseiten der Einbanddeckel Bruchstücke mehrerer deutscher Pergamenturkunden, davon (1) Urkunde des Landgerichts auf der Leutkircher Heide, genannt sind Conrat Stösser, Landrichter, Hansen der Bürger, Stadtamman zu Leutkirch (Lwkirch), beide als Siegler. (2) Wilhalm Stüdlin als Siegler, Conrat Ringglin, Altbürgermeister ze Liutkirch, Gudentz Rudolff von Isnin und seine Ehefrau Anna Stüdlin.
Angebunden ist Nr. 61.

139 VALERIUS MAXIMUS Ca I 23
Facta et dicta memorabilia cum interpretatione Oliverii
Arzignanensis.
Venedig: Johannes und Gregorius de Gregoriis, 8. März 1487. 2°.
Cop. III 5928. Proct. 4510. Leuze 107.

Initialen rot und blau ergänzt. Im Einband Bruchstück einer deutschen Pergamenturkunde des 15. Jhs. aus Zürich. Genannt ist das »gericht zu Westvalen«, ferner die Namen Rudy Boller der alt, Johannes Urlinger, Butschmann Zimer von Grüningen, Heinrich Lirer, Cunrat Meyer, Jacob Swartzmurer, Johans Viltig (?). Außerdem Bruchstück einer lateinischen Pergamenturkunde (wohl eines geistlichen Gerichts) aus dem 15. Jh., genannt ein Jacobus abbas, ferner die Vornamen Albertus, Sebastianus, Leonardus (Konventualen ?).
Eigentumsvermerk: Iste Valerius iure proprietario pertinet Vlrico Schöch de Lindow olim regio campo guardiano.

140 VINZENZ von Beauvais K I 4
Speculum doctrinale.
[Straßburg: Adolf Rusch, um 1473]. 2°.
Cop. III 6242.

Am Anfang Initialen rot ergänzt.

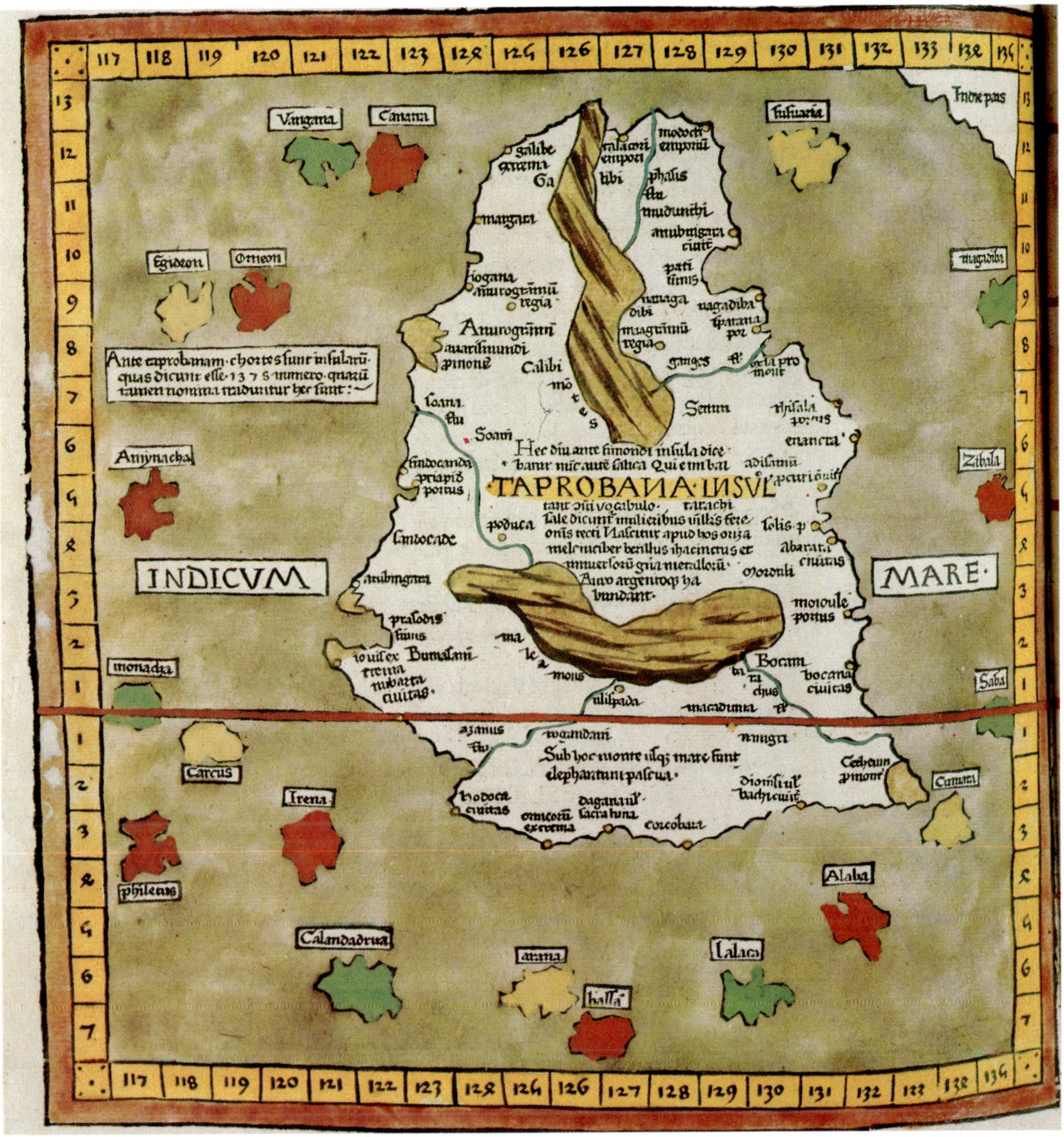

Landkarte der Insel Ceylon, aus: Claudius Ptolemäus, Cosmographia. Ulm: Johannes Reger, für Justus de Albano in Venedig, 1486 (Nr. 118)

141 VINZENZ von Beauvais K I 7–8
Speculum historiale. Bd. 1–2 (Bd. 3–4 fehlen).
[Straßburg:] Johannes Mentelin, 1473. 2°.
Cop. III 6246.
Initialen rot ergänzt, rot rubriziert.

142 VINZENZ von Beauvais K I 5–6
Speculum naturale. Bd. 1–2.
[Straßburg: Adolf Rusch, 1473–1476]. 2°.
Cop. III 6256.
Teilweise Initialen rot ergänzt. Im Einband Bruchstücke lateinischer Handschriften.

143 VIOLA SANCTORUM N II 173
Straßburg: Johannes Prüß, X. Kal. Sept. [= 23. August] 1487. 4°.
Hain 10 870. Proct. 520.
Auf der Titelrückseite Urkundenformular für einen Schuldbrief. Eigentumsvermerk: Olim fui (gestrichen: sum) Johannis Loblichij Lindaviensis.

144 VOCABULARIUS utriusque iuris L I 273
[Basel: Michael Wenssler, nicht nach 1473]. 2°.
Cop. III 6354. Proct. 7477.
Initialen rot ergänzt, teilweise rot rubriziert.

145 WOLFRAM von Eschenbach Ca I 70[2]
Parzival.
[Straßburg: Johannes Mentelin], 1477. 2°.
Hain 6684. Proct. 216.
Randbemerkungen. Angebunden an Nr. 125.

Register

Druckorte und Drucker
Vorbesitzer
Namen in den Urkunden
Sonstige Namen und Sachen
Konkordanzen

REGISTER DER DRUCKORTE UND DRUCKER

FREIBURG i. Br.

KILIAN PISCATOR

[nach 1493]	Beckenhub, Johannes: Tabula super libros sententiarum	24
[nach 1493]	Petrus Lombardus: Liber sententiarum	111

KÖLN

DRUCKER DES DARES (= JOHANNES SOLIDI)

[um 1472]	Gerson, Johannes: Tractatulus de symonia	72

DRUCKER DES PETRUS VON ROSENHEIM

[um 1483]	Petrus von Rosenheim: Roseum memoriale	112

JOHANNES GULDENSCHAF

[um 1478]	Gerson, Johannes: Sermo de conceptione	69
[um 1480]	Copia bullae	46

HEINRICH QUENTELL

undatiert	Molitor, Johannes: Tabula super summam Antonini	105
1479	Rolevinck, Werner: Fasciculus temporum	121
28. Juni 1499	Jacobus von Jüterbog: Lavacrum conscientiae	85

KONRAD WINTERS VON HOMBURG

[vor 1478]	Cassiodor: Historia ecclesiastica	43

ULRICH ZELL

[um 1470]	Gerson, Johannes: Conclusiones	66
[um 1470]	Gerson, Johannes: De efficacia orationis	67
[um 1470]	Gerson, Johannes: De remediis	68
[um 1470]	Gerson, Johannes: Tractatulus de cognitione castitatis	70
[um 1470]	Gerson, Johannes: Tractatulus de pollutione	71

LYON

JOHANNES SIBER

[nach 7. Mai 1485]	Biblia, lateinisch	29

MAILAND

LEONHARD PACHEL

15. Dez. 1495	Bernhard von Clairvaux: Epistolae	25

MAINZ

PETER SCHÖFFER

6. März 1467	Thomas von Aquin: Summa theologica	135
13. Juni 1469	Thomas von Aquin: Opus super quarto sententiarum	136
7. Sept. 1470	Hieronymus: Epistolae	82
8. Nov. 1471	Thomas von Aquin: Summa theologica	134

MEMMINGEN

ALBERT KUNNE		
[um 1485]	Felicianus: De divina praedestinatione	60

NEAPEL

ARNOLDUS DE BRUXELLA		
9. Mai 1477	Macer, Aemilius: De virtutibus herbarum	99

NÜRNBERG

KASPAR HOCHFEDER		
1498	Samuel, Rabbi: Ein epistel	123
ANTON KOBERGER		
3. Aug. 1474	Rainer von Pisa: Pantheologia	119
10. Okt. 1477 und 17. Okt. 1478	Antoninus von Florenz: Summa theologica	10
6. März 1479	Biblia, lateinisch	28
12. März 1481	Herp, Heinrich: Speculum aureum	81
11. Aug. 1481	Platina, Bartholomäus: De vita Christi	114
24. Jan. u. 6. März 1482	Alexander von Hales: Summa theologica	3
29. Juni 1485	Johannes von Bromyard: Summa praedicantium	91
20. Feb. 1487	Thesaurus sermonum de sanctis	133
28. Aug. 1488	Angelus de Clavasio: Summa angelica	8
18. Nov. 1491	Fridolin, Stephan: Schatzbehalter	62
21. Jul. 1493	Schedel, Hartmann: Liber chronicarum	126
23. Dez. 1493	Schedel, Hartmann: Buch der Chroniken	127
25. Feb. 1494	Alfons de Spina: Fortalicium fidei	5
17. Mai 1496	Silvius, Aeneas: Epistolae	131
10. Jun. 1496	Gregor IX., Decretales	77

PADUA

BARTHOLOMAEUS DE VALDEZOCCHO UND MARTINUS DE SEPTEM ARBORIBUS		
21. April 1472	Bagellardus, Paulus: Libellus de aegritudinibus infantium	21

PARIS

ULRICH GERING UND BERTHOLD REMBOLT		
18. Juli 1498	Gregor I.: Regula pastoralis	76

JOHANNES GRÜNINGER

4. Juli 1497	Brunswig, Hieronymus: Buch der Cirurgia	40
4. Dez. 1490	Antoninus von Florenz: Summa theologica	11

JOHANNES MENTELIN

nicht nach 1468	Augustinus: De civitate dei	15
[um 1472]	Astesanus von Asti: Summa de casibus	14
[um 1470]	Augustinus, Aurelius: Liber epistolarum	17
[um 1473]	Guido de Baysio: Rosarium super decreto	79
1473	Vinzenz von Beauvais: Speculum historiale	141
1477	Scharfenberg, Albrecht von: Der jüngere Titurel	125
1477	Wolfram von Eschenbach: Parzival	145

JOHANNES PRÜSS

1486	Duranti, Guillelmus: Rationale	51
1487	Viola sanctorum	143
1490	(Pseudo-) Bonaventura: Biblia pauperum	36
[um 1490]	Meckenloher, Friedrich: Lehen-Erbrecht, lateinisch	102
[um 1490]	Meckenloher, Friedrich: Lehen-Erbrecht, deutsch	103
nach 1490	Rolevinck, Werner: Fasciculus temporum	122

ADOLF RUSCH

[um 1470]	Balbus, Johannes: Catholicon	22
[um 1473]	Vinzenz von Beauvais: Speculum doctrinale	140
[1473/76]	Vinzenz von Beauvais: Speculum naturale	142
nach 23. Sept. 1481	Biblia, lateinisch	30
vor 1489	Herolt, Johannes: Sermones de tempore	80

MARTIN SCHOTT

vor 25. Okt. 1489	Epistola de miseria curatorum	55

TÜBINGEN

JOHANNES OTMAR

19. Feb. 1499	Guillermus Parisiensis: Sermones	78

ULM

KONRAD DINCKMUT

17. Aug. 1486	Lirer, Thomas: Chronik	97

JOHANNES REGER (FÜR JUSTUS DE ALBANO IN VENEDIG)

21. Juli 1486	Ptolemaeus, Claudius: Cosmographia	118

JOHANNES ZAINER

1478	Leonhard von Udine: Sermones quadragesimales	96

IMPRESSVM VLME OPERA ET
EXPENSIS IVSTI DE ALBANO
DE VENETIIS PER PROVISOREM
SVVM IOHANNEM REGER AN
NO DOMINI M CCCC LXXXVI
XII KALENDAS AVGVSTI

Druckerzeichen des Johannes Reger aus Ulm (Nr. 118)

ANDREAS DE BONETIS		
23. Juli 1484	Augustinus: Meditationes	18
MATHÄUS CAPSACUS		
18. Juli 1493	Seneca: Tragoedia	130
BERNARDINUS DE CHORIS		
31. Okt. 1492	Seneca: Operae	128
JOHANNES UND GREGORIUS DE GREGORIIS		
8. März 1487	Valerius Maximus: Facta et dicta memorabilia	139
4. Jan. 1490	Abu Marwan Ibn Zuhr: Liber Theisir	1
20. Juni 1491	Gazius, Antonius: Florida corona medicinae	63
NIKOLAUS JENSON		
1477	Bulla aurea	41
JOHANNES VON KÖLN UND JOHANNES MANTHEN		
1476	Aristoteles: De animalibus	13
3. Jan. 1479	Gratian: Decretum	75
BONETUS LOCATELLUS FÜR OCTAVIANUS SCOTUS		
22. Dez. 1497	Gordon, Bernhardus: Practica dicta lilium medicinae	74
ALDUS MANUTIUS		
Sept. 1497	Jamblichus: De mysteriis Aegyptiorum	90
PAGANINUS DE PAGANINIS		
12. Nov. 1489	Augustinus: De trinitate	16
ANDREAS PARMENSIS DE SOZIIS		
24. Dez. 1484	Porchus, Christophorus: Lectura super institutionibus	117
RAINALD VON NIMWEGEN		
6. Juni 1483	Plinius: Historia naturalis	116
18. März 1490	Corpus iuris civilis: Institutiones	48
ERHARD RATDOLT		
1483	Marquard von Lindau: Von den zehn Geboten	101
BERNARDINUS RICIUS		
15. Feb. 1492	Foresti, Jacobus Philippus: Supplementum chronicarum	61
19. Juli 1492	Ardoynus, Santes: De venenis	12
OCTAVIANUS SCOTUS		
10. April 1490	Razi, Abu-Bakr Muhammad: Liber nonus	120
JOHANNES BAPTISTA DE SESSA		
[um 1500]	Gedicht, italienisch	64
LEONHARD WILD		
6. Jan. 1481	Alexander Sermoneta: Commentariolus super consequentiis Strodi	4
TROILUS ZANI PRESBYTER UND PETRUS JOHANNES DE QUARENGIS		
15. April 1493	Cicero: Rhetorica	44

REGISTER DER VORBESITZER

Personen und Orte

ANTONIUS, Johannes, unbekannter Arzt aus der 2. Hälfte des 16. Jahrhunderts, wohl kaum der berühmte Johannes Antonius aus Kaschau († nach 1536). Nr. 21 (1575).

ARTZT, Matthäus, aus Bruchsal, 1. Hälfte des 16. Jahrhunderts. In den Matrikeln von Tübingen, Heidelberg und Wien sind verschiedene Angehörige des Geschlechtes Artzt aus Bruchsal nachweisbar, nicht jedoch dieser Matthäus Artzt. Nr. 85 (1538?).

AUGSBURG, siehe *Chelard,* Carl Emile; *Hertlin,* Johannes; *Püschel,* Cath.; siehe auch Nr. 112.

BASEL, siehe *Louber,* Jakob; *Rötenberg,* Ulrich.

BIBERACH, siehe *Freiberg,* Ph. von.

BITTELMAIR, Johann Georg, aus Lindau, geb. 15. Februar 1652, gest. 25. März 1728, Sohn eines aus Nürnberg zugewanderten Bierbrauers, studierte (u. a. orientalische Sprachen) in Altdorf und Wittenberg, wo er 1675 philosophische Vorlesungen hielt, wurde 1677 Rektor des Oettinger Alumneums, 1680–87 Rektor der Lateinschule in Lindau, 1687–1707 Pfarrer in Reutin. Vgl. Ferdinand Eckert, Geschichte der Lateinschule Lindau, Lindau 1928, S. 53 f. Nr. 123 (o. J.).

BRENDLIN, Nikolaus, aus Markdorf, zuletzt 1529 in Feldkirch nachweisbar. Studierte in Leipzig (1490), Tübingen (1497/98) und Bologna (1502), seit 1494 Domherr in Chur, seit 1527 Schreiber des Domkapitels. Aus seiner Bibliothek konnten Bücher, die mit dem Monogramm N. B. und den datierten Wahlsprüchen »patere et abstine« und »tecum habita« signiert sind, im Vorarlberger Landesarchiv in Bregenz, in der Kirchenbibliothek Isny, in der Stadtbibliothek (Vadiana) Sankt Gallen sowie in der Leopold-Sophien-Bibliothek in Überlingen festgestellt werden. Vgl. Gustav Knod, Deutsche Studenten in Bologna, Berlin 1899, Reprint Aalen 1970, S. 67. Nr. 114 (1515).

BRUCHSAL, siehe *Artzt,* Matthäus; *L. H. R.*

CHELARD, Carl Emile, geb. um 1822 in Paris, Sohn des königlich bayerischen Kapellmeisters in Augsburg (Mitteilung des Stadtarchivs Augsburg). Nr. 101 (1837).

CHUR, siehe *Brendlin,* Nikolaus.

ECK, Georg, aus Lindau, 1598 als Student an der Universität Jena nachweisbar. Nr. 13 (1611).

EDLINSTETT, Bernhard von, aus Allgäuer Edelgeschlecht 1552/55 als Student in Dillingen nachweisbar. Nr. 127 (1565).

FELDKIRCH, siehe *Brendlin,* Nikolaus.

FINCKH, Hans, aus Ravensburg, nicht näher bekannt, frühes 17. Jahrhundert. Nr. 53 (o. J.).

FREIBERG, Philipp von, wohl aus dem bei Biberach heimischen Freiherrengeschlecht. Nr. 126 (1545).

GANSER, Karl, aus Memmingen bzw. Lindau, nicht näher bekannt. Nr. 32 (1602).

HAGEN, Stephan, aus Ringenweiler (OA. Ravensburg), gest. 1526 als Dekan des Kapitels von Teuringen (OA. Tettnang), seit 21. August 1493 Pfarrer von Hasenweiler (OA. Ravensburg), als solcher auch in den Registra subsidii charitativi 1508. Vgl. Manfred Krebs, Die Investiturprotokolle der Diözese Konstanz aus dem 15. Jahrhundert, S. 353; Fr. Zell, Registra subsidii charitativi, in: Freiburger Diöcesan-Archiv 27, 1899, S. 67. Kein Vorbesitzer, aber in den chronikalischen Aufzeichnungen von Anton Pantaleon als dessen besonderer Gönner genannt. Nr. 18 (1526).

HARTMANN, Nikolaus, aus Lindau, immatrikuliert im Wintersemester 1487/88 an der Universität Basel. Wohl identisch mit Nikolaus Schön, genannt Hartmann, der unter dem 28. Mai 1505 als Pfarrer zu Reutin erwähnt wird. Vgl. Wolfart, a. a. O., 2. Bd., S. 241; Die Matrikel der Universität Basel, 1. Bd., hg. v. Hans Georg Wackernagel, Basel 1951, S. 201. Nr. 37 (o. J.).

HASENWEILER, siehe *Hagen,* Stephan.

HEIMERTINGEN, siehe *Edlinstett,* Bernhard von.

HELDELIN, Kaspar, aus Lindau, ca. 1505–1558. Studierte 1522/25 in Wittenberg, seit 1528 Schulmeister in Lindau, wo er eine ansehnliche Privatbibliothek aufgebaut hat. Er war, insbesondere auch durch seine neulateinischen Dichtungen, die Seele des Humanismus in Lindau. Vgl. Ferdinand Eckert, Geschichte der Lateinschule in Lindau (Neujahrsblätter des Museumsvereins Lindau 8), Lindau 1928, S. 7 ff. und S. 39–42. Nr. 116 (nicht nach 1529).

HENSLER, Bartholomäus, aus Ravensburg, gest. um oder nach 1659, aus begüterter Familie, studierte 1589 in Jena und seit 1597 in Basel, wo er am 25. Juli 1598 zum Doktor beider Rechte promovierte, vorübergehend (1634/35) Ratsadvokat seiner Vaterstadt, die er 1647 verläßt. 1650–1659 Mitglied der Sünfzengesellschaft in Lindau. Alfons Dreher,

Das Patriziat der Reichsstadt Ravensburg, 4. Teil, in: Zeitschrift für Württembergische Landesgeschichte 23, 1964, S. 30 u. S. 82 f. Nr. 53 (vor 1649, in welchem Jahr er das Buch der Reichsstädtischen Bibliothek schenkt).

HERPEANUS, Adam, aus Coburg, gest. 1599, wurde 1551 Provisor (dritter Lehrer) und 1576 Cantor (zweiter Lehrer) der Lateinschule in Lindau; er war verheiratet mit der Tochter Talitha des Reformators Jeremias Lins und wohnte im ehemaligen Barfüsserkloster zu Lindau. Herpeanus war zugleich Stadtbibliothekar. Vgl. Eckert, a. a. O., S. 42 f. u. S. 45. Nr. 89 (o. J.).

HERTLIN, Johannes, Augsburger Priester gegen Ende des 15. Jahrhunderts, † um 1505. Eine Identität mit dem gleichnamigen Augsburger Stadtarzt (seit 1475) ist wohl nur schwer anzunehmen. Vgl. auch Ilona Hubay, Incunabula in der Benediktinerabtei Ottobeuren, Wiesbaden 1970, S. 245, wo 11 Bücher aus Hertlins Bibliothek angeführt werden, die er 1505 an das Kloster verschenkt hat. Weitere Bücher aus seiner Bibliothek vgl. Ilona Hubay, Incunabula der Staats- und Stadtbibliothek Augsburg, Wiesbaden 1974, Nr. 187 und Nr. 225. Nr. 101 (1505).

HUGO, Michael, aus dem Breisgau, gest. 27. September 1524 (an der Pest), Franziskanermönch in Freiburg i. Br. und seit 1515 in Lindau, wo er seit 1522 lutherisch predigte. Vgl. Wolfart, 1. Bd., S. 251–256 und 2. Bd., S. 285. Nr. 5 (auf Grund eines Schriftvergleichs von Wolfart zugewiesen).

KONSTANZ, siehe Nr. 97.

L. H. R. Das Monogramm weist möglicherweise nach Bruchsal. Nr. 85.

LINDAU, siehe

Bittelmair, Joh. Georg; *Eck*, Georg; *Ganser*, Karl; *Hartmann*, Nikolaus; *Heldelin*, Kaspar; *Hensler*, Bartholomäus; *Herpeanus*, Adam; *Hugo*, Michael; *Lins*, Samuel; *Loblich*, Johannes; *Loher*, J.; *Louber*, Jakob; *Lutz*, Wendelin; *Philgus*, Balthasar; *Porzelius*, Johann Jakob; *Rem*, Anton d. J.; *Rietmann*, Kalixt; *Rötenberg*, Ulrich; *Roth*, Johann Jakob; *Schoch*, Ulrich; *Thomann*, Jakob Matthäus.

LINS, Samuel, aus Lindau, gest. 1616, Sohn des aus Feldkirch stammenden Reformators Jeremias Lins. Studierte in Jena (1562) und Rostock (1564), wirkte 1564/70 als Prediger in Ulm und 1570/74 in Brumath (Unterelsaß), seit 1574 war er Pfarrer in Lindau. Vgl. Ferdinand Eckert, Jakob Lynnß, »Provisor der deutschen Schuel« zu Lindau i. B. 1574–1621, Lindau 1914, S. 5–7. Nr. 119 (o. J.) und Nr. 13 (1611).

LOBLICH, Johannes, aus Lindau, vielleicht identisch mit dem gleichnamigen Lindauer Studenten, der sich 1517 in Wittenberg immatrikuliert und dort am 11. Oktober 1519 zum Bakkalaureus artium graduiert wird. Nr. 143 (o. J.).

LOHER, J. Das Geschlecht der Loher (Locher) ist in Bregenz, Lindau und Isny stark verbreitet, so daß eine eindeutige Zuweisung nur schwer möglich ist. Nr. 38 (o. J.).

LOUBER, Jakob, aus Lindau, gest. 1513 in Basel. Studierte seit 1466 in Basel, wo er 1467 zum Bakkalar der freien Künste, 1470 zum Magister und 1475 zum Lizentiat im Kirchenrecht promovierte. 1476 war er Rektor der Universität Basel. 1477 trat er in den Karthäuserorden ein und war 1480–1500 Prior der Karthause Basel, 1503–1508 Prior der Karthause Buxheim (bei Memmingen). In Basel legte er den ersten (verschollenen) Bücherkatalog der Karthause an und erwarb sich große Verdienste um die Bibliothek. Vgl. Albert Bruckner, Scriptoria Medii Aevi Helvetica, 10. Bd., Genf 1964, S. 90. Die Zuschreibung erfolgt auf Grund des Wappens, dem dreiblättrigen »Loub«-Baum, der dem Lindauer Wappen nachgebildet ist. Vgl. Max Burckhardt, Aus dem Umkreis der ersten Basler Universitätsbibliothek, in: Basler Zeitschrift für Geschichte und Altertumskunde 58/59, 1959, S. 175. Abgebildet in der Zeitschrift Ex libris 28, 1918, S. 53. Nr. 3 (1488).

LUTZ, Wendelin, aus Sindelfingen, 1516 als Student in Tübingen nachweisbar. Nr. 94 und Nr. 128.

MAESCHILUS, Georg, nicht näher bekannt. Nr. 112 (o. J.) und Nr. 132 (o. J.).

MATHIAS, Johannes, nicht näher bekannt. Nr. 93 (1494).

MEMMINGEN, siehe *Ganser,* Karl.

OTTOBEUREN, Benediktinerabtei. Über deren Bibliothek und Kulturleben vgl. Ottobeuren, Festschrift zur 1200-Jahr-Feier der Abtei, Augsburg 1964 und Ottobeuren, 764–1964, Beiträge zur Geschichte der Abtei, Augsburg 1964. Nr. 101 (1505).

PANTALEON, Anton, aus Ravensburg, immatrikuliert in Tübingen am 27. März 1518, 1525 nach eigenen Angaben armer Vikar der dem Benediktinerstift Weingarten inkorporierten Kirche von Waldhausen (OA. Ravensburg). Vgl. H. Hermelinck, Die Matrikeln der Universität Tübingen, 1. Bd., Stuttgart 1906, S. 220. Nr. 18 (vor 1525).

PHILGUS, Balthasar, aus Kempten, geb. 1601, gest. 1653 als Professor der Theologie in Tübingen. 1623 in Tübingen zum Magister artium promoviert, wurde er Rektor der Lateinschule in Kempten, 1627–51 Prediger in Lindau (Porträt in der Stephanskirche). Vgl. Die Kunstdenkmäler von Bayern, Reg.-Bez. Schwaben, 4. Bd. (Lindau), bearb. v. Adam Horn und Werner Meyer, München 1954, S. 33. Jöcher X, Sp. 64. Nr. 114 (o. J.).

PIER, Konrad, Magister artium, wohl Notar, sonst nicht näher bekannt. Nr. 30 (1479).

PORZELIUS, Johann Jakob, aus Isny, geb. 11. Februar 1645, gest. 21. Dezember 1723, Sohn eines Predigers, nach Schulbesuch in Lindau und Augsburg studierte er seit 1664 in Jena und Leipzig. 1673–80 Rektor der Lateinschule in Lindau. Verfasser verschiedener Schulbücher. Vgl. Eckert, a. a. O., S. 52 f. Nr. 32 (vor 1724, in welchem Jahr das Buch als Legat in die Reichsstädtische Bibliothek gelangt ist).

PÜSCHEL, Cath., aus Augsburg, sonst nicht bekannt. Nr. 101 (1837).

RAVENSBURG, siehe
Finckh, Hans; *Hensler,* Bartholomäus; *Pantaleon,* Anton; *Schellang,* Hans Jakob; *Uelin,* Oswald.

REM, Anton, der Jüngere, aus Lindau, gest. 1599, 1544–99 Mitglied der Sünfzengesellschaft, Bürgermeister von Lindau. Nr. 31 (nach 1599).

RIETMANN, Kalixt, aus St. Gallen, studiert 1579/80 in Basel und 1583 (1589 erneut immatrikuliert) in Tübingen. In Basel promovierte er am 7. Mai 1594 zum Dr. med., ließ sich 1596 in Lindau als Stadtarzt nieder und ist hier 1623 gestorben. Aus seiner Bibliothek sind zahlreiche Bücher in den Beständen der Lindauer Stadtbibliothek erhalten. Vgl. Die Matrikel der Universität Basel, 2. Bd., hg. v. Hans Georg Wackernagel, Basel 1956, S. 278; Haider, Genealogie, S. 215. Nr. 21 (o. J.).

RINGENWEILER, siehe *Hagen,* Stephan.

RÖTENBERG, Ulrich, aus Arbon, zuletzt 1508 erwähnt. Studierte in Bologna (1482) und promovierte zum Lizentiat im Kirchenrecht. Seit 1488 ist er als Pfarrer von St. Stephan in Lindau nachweisbar, meist jedoch abwesend. Die Tatsache, daß er sich 1503 in die Basler Universitätsmatrikel einschrieb, läßt vermuten, daß er dort als Rechtslehrer tätig wurde. Vgl. Die Matrikel der Universität Basel, hg. v. Hans Georg Wackernagel, 1. Bd., Basel 1951, S. 269; Wolfart, 2. Bd., S. 238; Manfred Krebs, Investiturprotokolle, S. 502 f. Nr. 29 (o. J.) und Nr. 75 (1505).

ROTH, Johann Jakob, aus Lindau, nicht näher bekannt. Nr. 114 (1639).

SCHELLANG, Hans Jakob, aus Ravensburg, kam wegen verschiedener Ehebrüche 1505 ins Gefängnis der Stadt, mußte Ravensburg verlassen und gab 1509 sein Bürgerrecht auf; Kaiser Maximilian I. nahm ihn 1510 in seinen Schirm. Vgl. Alfons Dreher, Das Patriziat der Reichsstadt Ravensburg, 3. Teil, in: Zeitschrift für Württembergische Landesgeschichte 21, 1962, S. 365. Nr. 53 (wohl vor 1509, weil das Buch später noch in Ravensburg nachweisbar ist).

SCHILTER, Johannes, geb. 29. August 1632 in Pegau, gest. 14. Mai 1705 in Straßburg, Jurist und vielseitiger Fachschriftsteller seiner Zeit. Vgl. ADB 31, S. 266–268. Nr. 52.

SCHLETTSTADT, siehe *Wimpfeling,* Jakob.

SCHÖCH, Ulrich, 15. Jh., aus Lindau, nach eigenen Angaben königlicher Leibgardist, sonst nicht näher bekannt. Nr. 139 (o. J.).

SCHÖN, Nikolaus, siehe *Hartmann,* Nikolaus.

STRASSBURG, siehe *Schilter,* Johannes; *Sturm,* Jakob; *Wimpfeling,* Jakob.

STURM, Jakob, aus Straßburg, geb. 10. August 1489, gest. 30. Oktober 1553, Sohn des Martin Sturm, studierte in Heidelberg (1501) und Freiburg i. Br. (1504), Schüler von Wimpfeling und Zasius, bedeutendster Staatsmann von Straßburg in dieser Zeit. Hans Winterberg, Die Schüler von Ulrich Zasius, Stuttgart 1961, S. 71 f. mit weiteren Literaturhinweisen. Über ein Buchgeschenk Wimpfelings an Sturm aus dem Jahre 1499 (mit fast gleichlautender Eintragung von Wimpfelings Hand »Jacobi Sturm Filii Martini Sturm«) vgl. Otto Herding, Jakob Wimpfelings Adolescentia, München 1965, S. 31 f. Nr. 13 (1501).

SYRGENSTEIN, Hans von, † 22. Juli 1611, Herr zu Achberg, Syrgenstein und Amtzell, 1609 Erbmarschall des Bistums Konstanz, war 1564 in Ingolstadt als »artium studiosus« eingeschrieben. Vgl. Ludwig Zenetti, Die Sürgen, Geschichte der Freiherrn von Syrgenstein, Augsburg (o. J.) S. 92. Nr. 125 (1594).

THOMANN, Jakob Matthäus, wohl aus Lindau, nicht näher bekannt. Nr. 39 (o. J.).

UELIN, Oswald, aus Ravensburg, gest. 1552, studierte seit 1520 in Wittenberg und wurde 1536 Stadtarzt in seiner Vaterstadt. 1536 verehrte Uelin seinem Lindauer Kollegen Gasser einen Hippokrateskommentar (vgl. Karl Heinz Burmeister, Achilles Pirmin Gasser, 1505–1577, 1. Bd., Wiesbaden 1970, S. 100). Ein weiteres Buch aus dem Besitz von Oswald Uelin verzeichnet Leuze, Isnyer Reformations-Drucke S. 53, Nr. 72. Unsere Zuschreibung erfolgt, nachdem die Schrift in diesen Zeitraum fällt, auf Grund des Vornamens und des medizinischen Interesses des Buchbesitzers. Nr. 19 (o. J.).

WALDHAUSEN, siehe *Pantaleon,* Anton.

WIMPFELING, Jakob, aus Schlettstadt, geb. 27. Juli 1450, gest. 15. November 1528, führender elsässischer Humanist. Vgl. Otto Herding, Jakob Wimpfelings Adolescentia, München 1965 (dort besonders S. 32). Nr. 13 (vor 1501), in welchem Jahr er das Buch seinem Schüler Jakob Sturm schenkt).

REGISTER DER NAMEN IN DEN URKUNDEN

REGISTER DER SONSTIGEN NAMEN UND SACHEN

KONKORDANZEN

GW	StB Lindau	GW	StB Lindau	GW	StB Lindau
687	2	3064	19	5593	40
871	3	3103	1	5904	42
1356	6	3166	21	6165	43
1578	5	3184	22	6741	44
1602	7	3672	23	7594	47
1927	8	3744	79	7597	45
2033	9	3927	25	7623	48
2186	10	4084	74	7734	49
2191	11	4087	73	8648	50
2200	105	4208	26	9131	51
2318	12	4282	30	9173	137
2350	13	4290	29	9258	52
2750	14	4296	32	9259	54
2864	18	4298	33	9266	53
2883	15	4305	34	9348	55
2905	17	4814	35	9434	57
2927	16	5322	38	9537	59
		5386	39		

Hain	StB Lindau
156	131
521	2
643	3
875	5
900	7
1136	9
1242	10
1248	11
1261	105
1447	134
1459	135
1481	136
1554	12
1699	13
1889	14
1947	18
1966	17
2038	16
2056	15
2119	19
2186	1
2244	21
2253	22
2666	23
2713	79
2809	61
2873	25
3035	26
3072	28
3129	32
3133	33
3139	34
3163	29
3173	30
3502	36
3517	35
3541	111
3994	91
4017	40
4034	101
4079	41
4248	42
4571	43
5248	44
5385	8
5533	110
6491	51
6612	55
6683	125
6684	145
6709	57
6825	59
6915	122
6923	121
6952	60
7501	63
7530	50
7624	65
7639	66
7687	67
7692	70
7696	71
7705	68
7708	72
7721	69
7800	74
7803	73
7894	75
7989	76
8034	77
8323	78
8370	137
8473	80
8524	81
8553	82
8565	83
8999	84
9358	90
9443	92
9500	47
9507	45
9522	48
9608	49
9816	93
9962	85
9970	88
9987	89
10118	97
10242	98
10420	99
10711	100
10870	143
11006	104
12309	107
12312	106
12331	108
12724	109
12929	113
13017	119
13047	114
13095	116
13293	117
13540	118
13866	53
13896	120
13988	112
14076	52
14077	54
14273	123
14487	124
14507	62
14508	126
14510	127
14594	128
14668	130
15094	4
15142	132
15613	138
16119	96

Copinger	StB Lindau
252	43
734	18
930	24
1036	29
1763	46
2689	70
3173	30
5409 = 5415	133
5928	139
6242	140
6246	141
6256	142
6326	37
6354	144
6545	86

StB Lindau	Überlingen = Stolz	Isny = Leuze
1	—	108
9	19	—
11	27	—
15	—	71
30	56	76–78
33	61	—
36	68	—
55	112	—
63	—	105
65	124	—
82	—	35
84	—	52
90	164	—
96	—	82
106	278	—
113	228	—
114	—	40
116	—	118
122	242	—
124	244	—
127	—	49
133	264	—
136	270	—
139	—	107

Das Konzil zu Konstanz 1414-1418

Von Ulrich Richental

Einer der wichtigsten zeitgenössischen Berichte über das Konzil zu Konstanz blieb in der Chronik erhalten, die Ulrich Richental, ein Bürger der Stadt Konstanz, verfaßte und von heute unbekannten Künstlern reich mit Bildern ausstatten ließ. In dieser Handschrift aus dem Rosgarten-Museum Konstanz, einer der schönsten mittelalterlichen Bilderhandschriften, wird die gesamte abendländische Kultur dieser Zeit lebendig.

Band I Faksimileausgabe

Vollständige, faksimilierte Ausgabe der Handschrift aus dem Rosgarten-Museum zu Konstanz in der Größe und den Farben des Originals.

IV + 304 Seiten, davon 304 Seiten faksimiliert. Mit 105, meist ganzseitigen kolorierten Zeichnungen und 59 Wappentafeln mit über 800 Wappen der Konzilsteilnehmer. Reproduktion in siebenfarbigem Offsetdruck.

Band II Kommentar und Text

Bearbeitet von Otto Feger. Mit Bildproben aus den anderen Versionen der Richentalhandschrift in Karlsruhe, New York, Prag und Wien. Der Band enthält folgende Beiträge: Karl August Fink: Das Konzil zu Konstanz. Seine welt- und kirchengeschichtliche Bedeutung · Otto Feger: Die Konzilschronik des Ulrich Richental · Lilli Fischel: Die Bilderfolge der Richental-Chronik, besonders der Konstanzer Handschrift · Text der Konstanzer Handschrift · Zeittafel · Glossar · Orts- und Personenverzeichnis · Literaturverzeichnis · Zusammenfassende Inhaltsangabe der Beiträge und Erläuterungen in englischer, französischer, italienischer und spanischer Sprache.

288 Seiten, davon 12 Bildtafeln. Mit 2 Zeichnungen und 12 eingeklebten Abbildungen im Text und 25 Abbildungen auf Tafeln, davon 6 farbig. Beide Bände in Halbpergament mit veloursgefüttertem Futteral 27 x 36,5 cm. Das Werk wird nur geschlossen abgegeben.
ISBN 3-7995-6501-9